（唐）釋道宣 撰

宋思溪藏本廣弘明集

第八册

國家圖書館出版社

第八册目録

卷二十一

法義篇第四之四

卷二十二　法義篇第四之五

卷二十三

廣弘明集　第二十一

四百七十八

聚　一

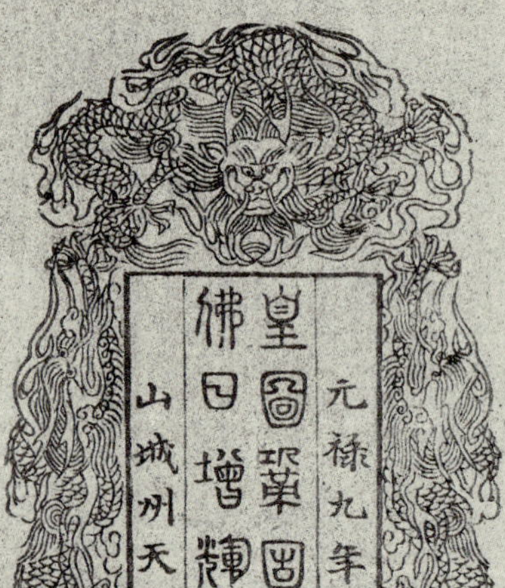

元祿九年丙子二月日重脩

皇圖鞏固 帝道遐昌

佛日增輝 法輪常轉

山城州天安寺法金剛院置

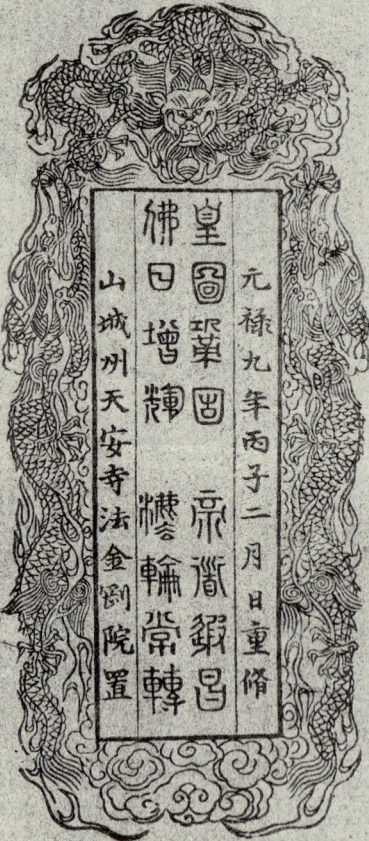

廣弘明集第卷二十一　聚

大唐西明釋　道宣　撰

法義篇第四之四

梁昭明太子荅雲法師請講書三首 并啓荅

昭明謝勑賚水犀如意啓

昭明太子解二諦義章

南澗寺釋慧超諮二諦義　往反六番

晉安王綱諮二諦義旨　往反五番

招提寺釋慧琰諮二諦義　往反四番

栖玄寺釋曇宗諮二諦義　往反四番

中郎王規諮二諦義旨　往反四番

靈根寺釋僧遷諮二諦義　往反四番

羅平侯蕭正立諮二諦義旨　往反四番

衡山侯蕭恭諮二諦義旨　往反四番

中興寺釋僧懷諮二諦義　往反四番

始興王第四男蕭映諮二諦義　往反四番

吴平王世子蕭勵諮二諦義旨　往反五番

大傅学讀書

萬餘卷

宋熙寺釋慧令諮二諦義　往反四番

始興王第五男蕭曄諮二諦義旨往反五番

興皇寺釋法宣諮二諦義　往反三番

程鄉侯蕭祗諮二諦義旨　往反四番

光宅寺釋法雲諮二諦義　往反四番

靈根寺釋慧令諮二諦義　往反五番

湘宮寺釋慧興諮二諦義　往反三番
莊嚴寺釋僧旻諮二諦義　往反四番
宣武寺釋法寵諮二諦義　往反四番
建業寺釋僧愍諮二諦義　往反二番
光宅寺釋敬脱諮二諦義　往反五番
昭明太子令旨解法身義一章
招提寺釋慧琰諮法身義　往反五番
光宅寺釋法雲諮法身義　往反五番
莊嚴寺釋僧旻諮法身義　往反五番
宣武寺釋法寵諮法身義　往反五番
靈根寺釋慧令諮法身義　往反五番
靈味寺釋静安諮法身義　往反五番

謝勅遣主書看講啓

謝勅問解講啓

謝勅賚制旨大涅槃經講疏啓

謝勅賚制旨大集經講疏啓

晉安王與廣信侯書述聽講事

晉安王與廣信侯書重述内教

廣信侯蕭暎荅王心要

荅雲法師請開講書　　梁昭明太子

綂覽近示知欲見令道義夫釋教凝深至理淵粹一相之道杳然難測不二之門寂焉無響自非深達玄宗精解妙義若斯之處豈易輕辯至於宣揚正教在乎利物耳弟子之於

以義誠自好之樂之然鈎深致遠多所未悉
為利之理蓋何足論諸僧並入法門遊道日
廣至於法師殊不俟說云欲見滄溟良所未
喻想得此意不復多云統和南
釋法雲啓殿下以生知上識精義入神自然
勝辯妙談出俗每一往復闔筵心醉真令諸
天讚善實使釋梵雨華貧道雖幼知向方而
長無成業逜之濫吹聖明而識慙無退者豈
不願滄幽致敢祈仰者誠在希聞妙說今猥
蒙吝旨未許群情退思輕脱用深悚懼渴仰
有實飢虛非假猶思捡願重以祈聞唯希耳
露嘗聞用得永祛鄙吝伏願四弘本誓曲允

三請懇惪證啓
重覽來示知猶欲令迷義不辯爲利具如前
言再露之聞弥慙來說若止是略標義宗無
爲不尒但愧以魚目擬法師之夜光耳統和

南謝勑賚水犀如意啓
臣統啓應勑左石伯佛掌奉宣　勑旨

垂賚水犀如意一柄式是道義所須白王照
彩方斯非貴珊瑚挺質匹此未珍雕剞旣成
先被庸薄如蒙漢帝之籌似獲趙堯之印謹
仰承威神神諸講席方使歡喜羅漢懷弃鉢
之嗟王式碩儒恂驪駒之辭熊飾寶刀子桓
愿其大賚犛牛輕拂張敞慙其舊儀殊恩特

降伏深荷躍不任下情謹啓事以聞謹啓

令旨解二諦義并問答

二諦理實深玄自非虛懷無以通其弘遠明道之方其由非一舉要論之不出境智或時以境明義或時以智顯行至於二諦即是就境明義若迷其方三有不絕若達其致萬累斯遣所言二諦者一是真諦二名俗諦真諦亦名第一義諦俗諦亦名世諦真諦俗諦以定體立名第一義諦世諦以褒貶立目若以次第言說應云一真諦二俗諦一與二合數則為三非直數過於二亦名有前後於義非便真既不因俗而有俗亦不由真而生正可

得言一真一俗真者是實義即是平等更無
異法能為雜閒俗者即是集義此法得生浮
偽起作第一義者就無生境中别立美名言
此法最勝最妙無能及者世者以隔别為義
生滅流動無有住相涅槃經言出世人所知
名第一義諦世人所知名為世諦此即文證

褒貶之理二諦立名差别不同真俗世等以
一義說第一義諦以二義說正言此理德既
第一義亦第一世既浮偽更無有義所以但
立世名諦者以審實為義真諦審實是真俗
諦審實是俗真諦雖有離無俗諦即有即無
即有即無斯是假名雖有雖無此為中道真

是中道以不生為體俗既假名以生法為體
南澗寺慧起諮曰浮偽起作名之為俗離於
有無名之為真未審浮偽為當與真一體為
當有異
令旨答曰世人所知生法為體出世人所知
不生為體依人作論應如是說若論真即有
是空俗指空為有依此義明不得別異
又諮真俗既云一體未審真諦亦有起動為
當起動自動不關真諦
令旨又答真理寂然無起動相凡夫惑識自
橫見起動
又諮未審有起動而凡夫橫見無起動而凡

夫橫見

令旨又答若有起動則不名橫見以無動而見動所以是橫

又諮若法無起動則唯應一諦

令旨又答此理常寂此自一諦橫見起動復是一諦準應有兩不得言一

又諮為有橫見為無橫見

令旨又答依人為語有此橫見

又諮若依人語故有橫見依法為談不應見動

令旨又答法乃無動不妨橫者自見其動

丹陽尹晉安王蕭綱諮曰解旨依人為辯有生不生未審浮虛之與不生只是一體為當有異

令旨答曰凡情所見見其起動聖人所見見其不生依人爲論乃是異體若語相即則不成異具如向釋不復多論

又諮若真不異俗俗不異真豈得俗人所見生法爲體聖人所見不生爲體

令旨答即俗知真即真見俗就此爲談自成無異約人辨見自有生不生殊

又諮未審俗諦之體既云浮幻何得於真實之中見此浮幻

令旨答真實之體自無浮幻惑者横搆謂之爲有無傷真實體自虚玄

又諮聖人所見見不流動凡夫所見自見流

動既流不流異豈謂不得為一
令旨答不謂流不流各是一體正言凡夫於不
流之中橫見此流以是為論可得成一
又諮真寂之體本自不流凡夫見流不離真
體然則但有一真不成二諦
令旨答體恒相即理不得異但凡見浮虛聖覩
真寂約彼凡聖可得立二諦名

招提寺慧琰諮曰凡夫見俗以生法為體聖
人見真以不生為體未審生與不生但見其
異復依何義而得辨一
令旨答曰凡夫於無稱有聖人即有辯無有無
相即此談一體

又諮未審此得談一一何所名
令荅正以有不異無無不異有故名為一更
無異名
又諮若無不異有有不異無但見其一云何
為二
令荅凡夫見有聖人見無兩見旣分所以成
二又諮聖人見無無可稱諦凡夫見有何得
稱諦　令荅聖人見無在聖為諦凡夫審謂
為有故於凡為諦
栖玄寺曇宗諮曰聖人為見世諦為不見世
諦　令荅曰聖知凡人見有世諦若論聖人
不復見此

又諮聖人旣不見世諦云何以世諦教化衆
生　令答聖人無惑自不見世諦無妨聖人
知凡夫所見故曲隨物情說有二諦
又諮聖人知凡見世諦卽此凡夫不
令答此凡卽是世諦聖人亦不見此凡
又諮聖旣不見凡焉知凡見世諦

令答聖雖自無凡亦能知有凡自謂爲有故
曲赴其情爲說世諦
司徒從事中郎王規諮曰未審眞俗旣不同
豈得相卽之義
令答聖人所得自見其無凡人所得自見其
有見自不同無妨俗不出眞外

又諮未審既無異質而有二義為當義雖於
體為當即義即體
令荅更不相出名為一體愚聖見殊自成異
義　又諮凡夫為但見俗亦得見真
令荅止得見俗不得見真　又諮體既相即
寧不覩真
令荅凡若見真不應覩俗覩俗既妄寧得見
真　靈根寺僧遷諮曰若第一以無過為義
此是讚歎之名真雖於俗亦應是讚歎之名
令荅曰即此體真不得言歎第一義諦既更
立美名所以是歎
又諮無勝我者既得稱讚歎我體即真何故

非嘆　令荅無勝我者所以得稱讚歎我體即真亦是我真故非讚歎
又諮我無過者所以得稱讚歎我是不偽何得非讚　令荅不偽直是當體之名如人體義謂之解義正足稱其實體豈成讚歎
又諮此法無能出者尋得即是讚歎

令荅既云無出非讚如何
羅平侯蕭正立諮曰未審俗諦是生法以不
令荅曰俗諦之體正是生法
又諮俗既攬見何得有生所以有生　又諮攬見為有實自無法實既無法說何為生

令答即此生法名為攝見亦即此攝見名為
生法　又諮若是攝見不應有生若必有生
名何攝見
令答既云攝見實自無生但攝見為有有此
攝生　衡山侯蕭恭諮曰未審第一義諦既
有義目何故世諦獨無義名
令答曰世既浮俗無義可辯　又諮若無義
可辯何以稱諦　令答凡俗審見故立諦名
又諮若凡俗見有得受諦名亦應凡俗見有
得安義字　令答凡俗審見故諦名可立浮
俗無義何得強字為義
又諮浮俗雖無實義不無浮俗之義既有此

浮俗何得不受義名　令答正以浮俗故
無義可辯若有義可辯何名浮俗
中興寺僧懷諮曰令旨解言眞不離俗俗不
離眞未審眞是無相俗是有相有無相殊何
得同體　令答曰相與無相此處不同但凡
所見有卽是聖所見無以此爲論可得無别

又諮旣是一法云何得見爲兩見旣有兩豈
是一法　令答理乃不兩隨物所見故得有
兩　又諮見旣有兩豈不相違　令答法若
實兩可得相違法常不兩人見自兩就此作
論焉得相乖　又諮人見有兩可說兩人理
旣是一豈得有兩

令荅理雖不兩而約人咸兩
始興王第四男蕭暎諮曰第一義諦其義第
一德亦第一不　令荅曰義既第一德亦第
一　又諮直言第一已包德義何得復加義
字以致繁複
令荅直言第一在義猶昧第一見義可得盡
美　又諮若加以義字可得盡美何不加以
德字可得盡美　令荅第一是德豈待復加
但加義字則德義雙美　又諮直稱第一足
見其美偏加義字似有所局
令荅第一表德復加義字二美但陳豈有所
局　吴平世子蕭勵諮曰適旨云第一義諦

世諦褒貶立名真俗二諦定體立名尋真諦之理既妙絶言慮未審云何有定體之旨
令荅曰談其無相無真不真寄名相說以真定體　又諮若真諦無體今寄言辯體未審真諦無相何不寄言辯相
令荅寄言辯體猶恐貶德若復寄言辯相則有累虚玄　又諮真諦玄虚離於言說今既

稱有真豈非寄言辯相
令荅寄有此名名自是相無傷此理無相虚寂　又諮未審此寄言辯體為是當理為不當理　令荅無名而說名不合當理
又諮若寄言辯名名不當理未審此寄將何

所說　令荅雖不當理為接引衆生須名相
說宋熙寺慧令諮曰眞諦以不生為體俗諦
以生法為體而言不生卽生生卽不生為當
體中相卽為當義中相卽　令荅云體中相
卽義不相卽　又諮義旣不卽體云何卽
令荅凡見其有聖覩其無約見成異就體恒
卽　又諮體旣無兩何事須卽
令荅若體無别兩緣見有兩見旣兩異須明
體卽　又諮若如解旨果是就人明卽
令荅約人見為二二諦所以名生就人見明
卽此亦何妨
始興王第五男蕭曄諮曰眞諦稱眞是實眞

不　令荅曰得是實真
又諮菩薩會真之時為忘俗忘真不
令荅忘俗忘真故説會真
又諮若忘俗忘真故説會真忘俗忘真何謂
實真　令荅若存俗存真何謂實真正由兩
遣故謂實真　又諮若忘俗忘真而是
聚　廣弘明集卷廿一　十一
實真亦應忘真忘俗而是實俗　令荅忘
俗忘真所以見真忘真忘俗彌見非俗
又諮菩薩會真既忘俗忘真今呼實真便成
乖理　令荅假呼實真終自忘真兩忘稱
實何謂乖理
興皇寺法宣諮曰義旨云俗諦是有是無故

以生法爲體未審有法有體可得稱生無是
無法云何得有生義　令荅曰俗諦有無相
待而立旣是相待故並得稱生
又諮若有無兩法並稱爲生生義旣一則有
無無異　令荅俱是凡夫所見故生義得同
是有是無寧得不異　又諮若有無果別應
有生不生　令荅旣相待立名故同一生義
程鄉侯蕭祗諮曰未審第一之名是形待以
不　令荅曰正是形待　又諮第一無相有
何形待　令荅旣云第一豈得非待
又諮第一是待旣稱第一世諦待於第一何
不名爲第二若俗諦是待而不稱第二亦應

真諦是待不名第一　令答若稱第一是待
於義已足無假說俗第二方成相待　又諮
若世諦之名不稱第二則第一之稱無所形待
令答第一褒真既云相待世名是待直置可
知光宅寺法雲諮曰聖人所知之境此是真
諦未審能知之智為是真諦為是俗諦

令答曰能知是智所知是境智來冥境得言
即真　又諮有智之人為是真諦為是俗諦
令答若呼有智之人即是俗諦
又諮未審俗諦之人何得有真諦之智
令答聖人能忘於俗所以得有真智
又諮此人既冥無生亦應不得稱人

令答冥於無生不得言人寄名相說常自有
人　靈根寺慧令諮曰爲於真諦中見有爲
俗諦中見有　令答曰於真諦中橫見有俗
又諮俗諦之有爲實爲虛　令答是虛妄之
有　又諮爲當見妄爲當見有　令答見於
妄有　又諮無名相中何得見有名相
令答於無名相見有名相所以妄有
又諮於無名相妄見爲有譬如火熱感者言
冷得就熱中有冷相不若於無相而有名相
亦於火中應有此冷
令答火自常熱妄見有冷此自感冷熱不甞
異湘宮寺慧興諮曰凡夫之感爲當但於真

有迷於俗亦迷
令答曰於真見有此是迷真既見有俗不成
迷俗　又諮若使解俗便成解真若不解真
豈得解俗　令答真理虛寂惑心不解雖不
解真何妨解俗　又諮此心不解真於真可
是惑此心既解解俗於惑應非惑

令答實而為語通自是惑辯俗森羅於俗中
俗解
莊嚴寺僧旻諮曰世俗心中所得空解為是
真解為是俗解　令答可名相似解
又諮未審相似為真為俗　令答習觀無生
不名俗解未見無生不名真解

又諮若能照之智非真非俗亦應所照之境非真非俗若是非真非俗則有三諦

令荅所照之境既即無生無生是真豈有三諦

又諮若境即真境何不智即真智

令荅未見無生故非真智何妨此智未真而習觀真境豈得以智未真而使境非真境

宣武寺法寵諮曰真諦不生不滅俗諦有生有滅真俗兩義得言有異談其法體只得是一未審體從於義亦得有二不

令荅曰體亦不得合從於義

又諮未審就凡聖兩見得言兩義亦就凡聖兩見得言兩體

令荅理不相異所以云一就凡聖兩見

得有二體之殊
又諮若使凡者見有聖人見無便應凡夫但
見世諦有聖人應見太虛無　令荅太虛亦
非聖人所見太虛得名由於相待既由待生
並凡所見
又諮凡夫所見空有得言是一不

令荅就凡為語有實異無約聖作談無不異
有　建業寺僧愍諮曰俗人解俗為當解俗
參差而言解俗為當見俗虛假而言解俗
令荅曰只是見俗參差而言解俗
又諮俗諦不但參差亦是虛妄何故解參差
而不解虛妄　令荅若使凡夫解虛妄即是

解真不解虛妄所以名爲解俗

光宅寺敬脫諮曰未審聖人見真爲當漸見

爲當頓見　令荅曰漸見

又諮無相虛懷一見此理萬相並寂未審何

故見真得有由漸　令荅自凡之聖解有淺

深真自虛寂不妨見有由漸

又諮未審一得無相並忘萬有爲不悉忘

令荅一得無相萬有悉忘

又諮一得無相忘萬有者亦可一得虛懷窮

彼真境不應漸見　令荅如來會寂自是窮

真淺行聖人恒自漸見　又諮若見真有漸

不可頓會亦應漸忘萬有不可頓忘

令荅解有優劣故有漸見忘懷無偏故萬有
並寂

令旨解法身義 并問荅

法身虛寂遠離有無之境獨脫因果之外不
可以智知不可以識識豈是稱謂所能論辯
將欲顯理不容默然故隨從言說致有法身
之稱天竺云達摩舍利此土謂之法身若以
當體則是自性之目若以言說則是相待立
名法者軌則爲旨身者有體之義軌則之體
故曰法身略就言說粗陳其體是常住身是
金剛身重加研覈其則不尒若定是金剛即
爲名相定是常住便成方所所謂常住本是

寄名稱曰金剛本是譬說及談實體則性同無生故云佛身無爲不墮諸法故涅槃經說如來之身非身是身無量無邊無有足迹無知無形畢竟清淨無知清淨而不可爲無稱曰妙有而復非有雖無雖有所謂法身

招提寺慧琰諮曰未審法身無相不應有體何得用體以釋身義

令荅曰無名無相乃無體可論寄以名相不無妙體　又諮若寄以名相不無妙體則寄以名相不成無相

令荅旣云寄以名相足明理實無相

又諮若寄以名相而理實無相理旣無相云

何有體　令答寄言軌物何得無體
又諮亦應寄言軌物非後無相
令答軌物義邊理非無相所言無相本談妙
體　又諮真實本來無相正應以此軌物何
得隱斯真實強生言相　令答真實無相非
近学所窺是故接諸庸淺必須寄以言相

光宅寺法雲諮曰未審法身常住是萬行得
不　令答曰名相道中萬行所得
又諮既為萬行所得豈是無相若必無相豈
為萬行所得　令答無名無相何曾有得寄
以名相假言有得　又諮實有萬行實得佛
果安可以無相全無所得　令答問者住心

謂實有萬行今謂萬行自空豈有實果可得
又諮現有衆生修習萬行未審何故全謂為
無　令答凡俗所見謂之為有理而撿之實
無萬行　又諮經說常住以為妙有知其假
說何謂妙有　令答寄以名相故說妙有理
絶名相何妙何有　莊嚴寺僧旻諮曰未審
法身絶相智不能知絶相絶知何得猶有身
稱　令答曰無名無相曽有何身假名相說
故曰法身　又諮亦應假名相說是智所照
何得不可以智知不可以識識　令答亦得
寄名相慧眼所見　又諮若慧眼能見則可
以智知若智不能知則慧眼無見　令答慧

眼無見亦無法可見　又諮若云無見有何
法身　令答理絶聞見實無法身　又諮若
無法身則無正覺正覺既有法身豈無
令答恒是寄言故有正覺正覺既在寄言法
身何得定有　宣武寺法寵諮曰未審法身
之稱爲正在妙本金姿丈六亦是法身　令

答曰通而爲論本迹皆是別而爲語止在常
住　又諮若止在常住不應有身若通取丈
六丈六何謂法身
令答常住既有妙體何得無身丈六亦能軌
物故可通稱法身　又諮若常住無累方稱
法身丈六有累何謂法身

令答衆生注仰妄見丈六丈六非有有何實
累　又諮若丈六非有指何為身
令答隨物見有謂有應身
又諮旣曰應身何謂法身
令答通相為雜故兼本迹覈求實義不在金
姿　靈根寺慧令諮曰未審為以極智名曰
法身為以絶相故曰法身　令答曰無名無
相是集藏法身圓極智慧是實智法身
又諮無名無相則無身不身旣有法身何謂
無相　令答正以無相故曰法身
又諮若以無相故曰法身則智慧名相非復
法身　令答旣是無相智慧豈非法身

又諮如其有身何名無相若是無相何得有身　令答於無名相假說法身

又諮若假說法身正存名相云何直指無相而謂法身　令答既於無相假立名相豈得異此無相而說法身

靈味寺靜安諮曰未審法身秉應以不

令答曰法身無應　又諮本以應化故稱法身若無應化何謂法身

令答曰本以軌則之體名為法身應化之談非今所軌　又諮若無應化云何可軌既為物軌豈無應化　令答衆生注仰蒙益故云能為物軌化緣已畢何所應化

又諮若能益衆生便成應化若無應化何以
益物　令答能生注仰軌則自成何勞至人
俯應塵俗　又諮旣生注仰豈無應化若無
應化注仰何益
令答正由世尊至極神妙特深但令注仰自
然蒙祐若應而後益何謂至神不應而益故
成窮美若必令實應與菩薩豈殊
謝勑賚看講啓
臣綂啓主書管萬安奉宣勑旨以臣今講竟
曲垂勞問伏以正言深奥揔一羣經均斗杓
以命四時等太陽而照萬國臣不涯庸淺輕
敢奉宣莫測天文徒觀玉府慙悚交并寢興

無窴仰降中使俯賁光臨勞荷殊慈靡知啓
處不任下情謹附啓事謝聞謹啓
謝勅參解講啓
臣綂啓主書周昂奉宣勅旨垂參臣今解講
伏以至理希夷微言淵奥非所能鑽仰遂以
無庸叨兹宣釋將應讓齒反降敎冑之恩允

宜尚学翻荷詵經之詔竊以挾八威之策則
神物莫干服九丹之举仙徒可役臣仰承皇
威訓兹学侣奉揚聖旨洞曉群儒敦治異師
陶鈞久滯方使懸施愚其短長公孫罷其堅
白玉生挫辯既盡神氣法開受屈永隱東峯
中使曲臨弥光函席仰戴殊慈不知啓處不

任下情謹奉啓事謝聞謹啓
謝勑賚制旨大涅槃經講疏啓
臣綸啓後閤應勑木佛子奉宣勑旨垂賚制
旨大般涅槃經講疏一部十袠合目百一卷
寒鄉覩日未足稱奇採藥逢仙曾何譬喜臣
伏以六爻所明至邃窮於幾象四書所總施
命止於域中豈有牢籠因果辯斯寶城之教
綱羅真俗開茲月滿之文方當道洽大千化
均百億雲彌識種雨遍身田豈復論唐帝龜
書周王策府何侍刊寢孟津屏黜丘索耳露
妙典先降殊恩揣己循愚不勝慶荷不任頂
戴之至謹奉啓謝聞

謝勑賚制旨大集經講疏啓

臣綸啓宣詔王慧寶奉宣勑旨垂賚制旨大集經講疏二袠十六卷耳露入頂慧水灌心似闇遇明如飢獲飽伏以非色非欲二界同坊匪文匪理雲集四辯言而未極八聲闡而莫窮俯應天機垂茲聖作同眞如而無盡與日月而俱懸但觀寶春山獲珠大海臣實何能恒蒙誘被張奏谷箏豈足陳心抗袖長言未伸歌舞不任喜荷之至謹奉啓謝聞謹啓

答廣信侯書　晉安王

王白仰承比往開善聽講涅槃縱賞山中遊心人外青松白霧處處可悅奇峯怪石極目

忘歸加以法水晨流天華夜落往而忘反有
會音言王牽物從務無由獨往仰此高蹤寸
心如結謹白

與廣信侯書　　晉安王

王白闊絶音旨每用延結風嚴寒勁願比怡
和伏承淨名法席親承金口辯弥鹿苑理愜
鷲山微密秘藏於斯既隆莊嚴道場自兹弥
闡豈止心燈夜炳亦乃意蘂晨飛況兄懸恩
弘明本長内教今陪十善之車開八正之路
流般若之水洗意識之塵以此春翹方為秋
實王每憶華林勝集亦叨末位終朝竟夜沐
浴妙言至於席罷日餘退休僧省携手登臨

兼展談笑仰望九層俯窺百尺金池動月玉
樹含風當於此時足稱法樂今卷惟之部衆
傳一偈聞慧雨滂流喜躍充遍徒挹懸河無
伸承稟空無所有不瑩情靈緣疾有愛自嗟
難拔兼下車已來義言蓋少舊憶已盡新解
未發既慙口誦復非心辯永謝寫瓶終慙染

甑況慈雲既被智海亦深影末波餘希時灑
拂但睽違轉積興言盈臉願加敬納言不宜
意謹白廣信侯蕭映答王心要書
廣信懸開國侯蕭映惶恐死罪信至奉誨清
言兼紙文彩巨麗慰喻綢繆比日寒霜慘切
伏願興居和悆民富重殷無過仰慎下官智

昏識闇学淺人凡遂得擁卷璇階親奉教義
耳餐甘露心承制説天恩淵深睿情廣奥三
明一鑒釋滯義於久迷四辯既陳闡難思而
頓解豈漢皇要迹而梵響復弘雖晉帝留心
而微言始見每至夕趍瓊筵晨登朱陛不曾
不憶苦林勝集玄圃法座殿下曳吕寶雲或
從容而問道挹裾博望作折角而解頤于時
謬齒末筵預聞清論親奉話言數陪顏色至
於今者講席殿下限同分陝謬頒天獎猶及
下官誰不欽仁寧無戀德傾心東注恒以係
仰為先下官蒙蔽久已仰慕雖聞妙義愚心
難啓方欲馳鶩扮鄉訪疑下席忽逢令旨垂

覓波餘壽讀戰皇儲仰慙恧庶為思謂少黍
下情正當慈雲智海翻以仰屬謝甄慙疊實
歸肅菲下官感緣既積塵累未消近攝衛乖
方遂中途感疾不得發承究竟闡開末品徒
自尅責終闕緣運不審比日何以怡神披閱
儒史無乃損惫下官每訪西鄰備發令德仰

承觀矚於章華之上或聽訟於耳棠之下未
嘗不文翰紛綸終朝不息清論玄談夜分乃
寐春華之容登座石而卅堂秋實之賓應虛
左而入室文宗義府於焉總萃唯此最樂實
驗茲辰下官晉遊梁苑曲蒙眷顧今者獨隔
清顏久睽接仰傾心已結興言涕歎唯冀音

旨時賜沾及伏願珍重尋更下承曲奉恩誨
用深銘荷映死罪死罪

廣弘明集卷第二十一
聚
敕賚下郎代反賜也水犀下音西牛也琰以檢反勗莫敗反曄
于輒反旻音閔凝深上魚陵反淵粹上烏懸反深丨下私遂反純丨杳
煕上煙虎反丨丨深廣也鉤深上古侯反闔筵上胡塔反造之上初
痩反充也猥蒙上烏每反循思上音旬歷也祛丘魚反敢也除也鄙
吝上碑美反下良刃反挺質上他頂反拔也雕剞下居倚反刻也簪側參
反冠也驪駒上音離良馬也熊飾上音雄字恧尼六反慙也張敞
下昌兩反同倡襃貶上博毛反美也下悲檢反黜也繫複下音福室也森
羅上音參字軌則上居水反粗陳上才古反畧也研覈下閑革反考也
實也窺傾跬反覘也勞問上去聲慰也斗杓下必苗反北斗柄[illegible]星也

無寘下之義反廢也周昂下吾剛反鑚仰上子官反丨丨窮研不及也論
語曰鑚之弥堅仰之弥高敎曺下直右反繼嗣也挾胡怙反懐丨也鼓冶
下音野鑪丨也六爻下户交反卦象也邃私遂反深丨洽侯夾反沾丨也
刊寑上苦寒反丨刻屛黕上音餅除也下丑律反退也丘索下所責反
揣已上初委反量也春山書容反抗袖上苦浪反舉也寒勁下居
政反堅丨也怡和上余之反悦也珵愜下苦怙反心伏也炳音丙明也

蘂海水反花舍也翹下渠遙反一隈音悬丨角也滂流上普忙反挹
音邑酌也瑩鳥定反光飾也睽違上苦圭反乖也離也盈瞼下音撿目上下
曰丨綢繆上直流反下密幽反丨丨款密之意也慘切感反和悆
下音預安也璇階上似宣反玄圃下布補二音曳甹下羊世反拖丨
也下音音屨丨也拖裾上音他下音居衣後襟也解頤下余之反丨丨和顏
也謬苗幼反虛丨也數陪上音朔分陜下失染反馳鶩下音務丨

丨走逐之義
扮鄉 上扶分反揄木別名
恩譚 下吐談反作譚誤
庸菲 下苦尾反庸凡菲薄
闠閬 上毗益反
披閱 下音悦視也
西鄙 下音乇
觀矚 下音燭
冃棠 下音堂
揔萃 上子孔反下才遂反丨集也
滌歙 上音體丨注也下許既反注之餘聲也
纈 之忍反
隋煬 上音隨下余向反平也
泯合 上米忍反減也
鎧 口改反
滔天 上音叨
槩日 上古愛反
聚

廣弘明集卷第一

山城國綴喜郡薪村
靈瑞山剛恩菴沙門宗徃書寫之

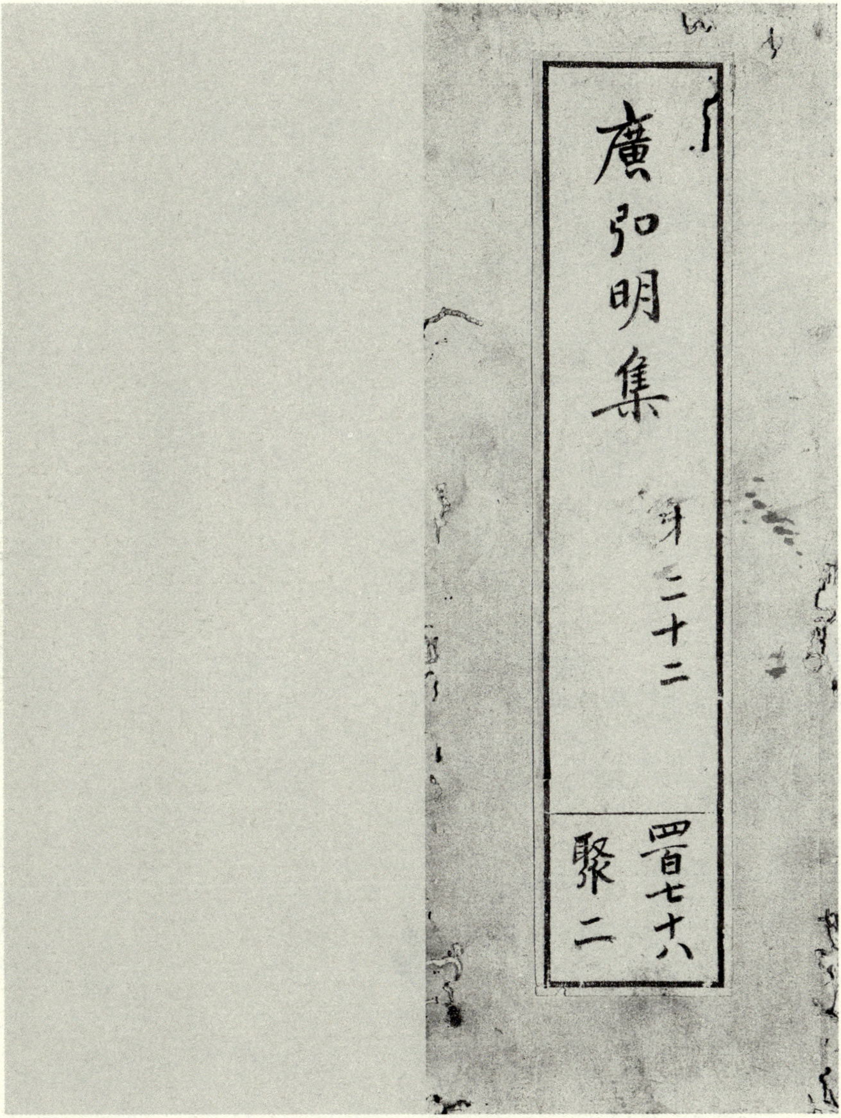
廣弘明集　第二十二
四百七十八
聚二

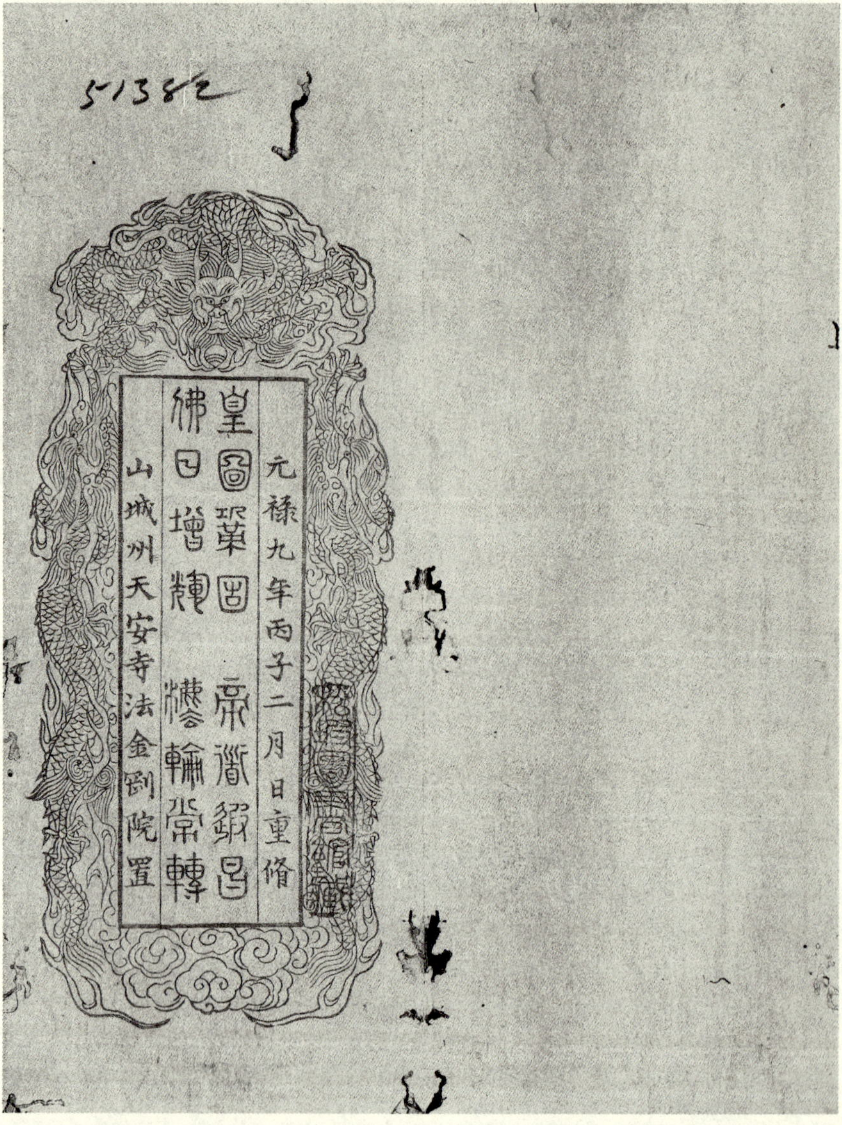
5-1382
元祿九年丙子二月日重脩
皇圖鞏固　帝道遐昌
佛日增輝　法輪常轉
山城州天安寺法金剛院置

廣弘明集卷第二十二　聚

大唐西明寺釋　道宣　撰

法義篇第四之五

衆生佛不相異義　南齊沈約字休文

六道相續作佛義　沈約

因緣義　沈約

形神義　沈約

神不滅義　沈約

難范縝神滅義　沈約

因緣無性論二序

陳沙門眞觀　并朱世卿自然論

北齊三部一切經願文　魏收

周藏經願文　王褒

寶臺經藏願文　隋煬帝

三藏聖教序并表請謝荅　唐太宗文帝

述三藏聖教序并荅謝　今上即高宗

述注般若經序　唐褚亮

金剛般若經集注序　司元大夫李儼

與翻經諸僧書并荅　太常博士柳宣

佛知不異衆生知義　沈休文

佛者覺也覺者知也凡夫之與佛地立善知惡未始不同也但佛地所知者得善之正路凡夫所知者失善之邪路凡夫得正路之知與佛之知不異也正謂以所善非善故失正

路耳故知凡夫之知與佛之知不異由於所知之事異知不異也凡夫之所知不謂所知非善在於求善而至於不善若積此求善之心會得歸善之路或得路則至于佛也此衆生之爲佛性寔在其知性常傳也

六道相續作佛義　沈約

一切種智與五道六趣衆生共有受知之分無分異也問曰受知非知耶荅曰非也問此以何爲體荅曰相續不滅是也相續不滅所以能受知若今生陶練之功漸積則來果所識之理轉精轉精之知來應以至於佛而不斷不絶也若今生無明則來果所識轉闇轉

闇之知亦來應以至於六趣也受知之具隨緣受知知之美惡不關此受知之具也問曰知非知既聞命矣受知受知自是相續不滅知自然因緣中來與此受知之具從理而相關荅曰有此相續不滅自然因果中來有因有果何得無美無惡乎

因緣義

沈約

凡含靈之性莫不樂生求生之路叅差不一一介流遷途徑各異一念之間衆緣互起一因一果内有差忒好生之性萬品斯同自然所禀非由緣立固知樂生非因緣因緣非樂生也雖然復俱宅形骸而各是一物一念既

召衆緣衆緣各隨念起善惡二念誠有不同俱資外助事由一揆譬諸非水非土穀芽不生因緣性識其本既異因果不惑雖則必然善惡獨起亦有受礙雖云獨起起便成因內因外緣寔由乎此也

論形神 沈約

凡人一念之時七尺不復關所念之地凡人一念聖人則無念不盡聖人無己七尺本自若空以若空之七尺揔無不盡之万念故能與凡夫異也凡人一念忘彼七尺之時則目廢於視足廢於踐當其忘目忘足與夫無目無足亦何異哉凡人之暫無本實有無未

轉瞬有已隨之念與形乖則暫忘念與心謝則復合念在七尺之一處則他處與異人同則與非我不異但凡人之覺無其無其無甚促聖人長無其無其無甚遠凡之與聖其路本同一念而覺忘則是凡品萬念而都忘則是大聖以此爲言則形神幾乎惑人疑因果相主毫分不爽美惡之來皆有定業而六度所修咸資力致若修此力致復有前因因熟果成自相感召則力致之功不復得立六度所修幾於廢矣釋迦邁九劫勇猛所成勇猛之因定於無始本不資九安得稱劫余以爲因果情照本是二物先有情照却有因果情

照旣動而因果隨之未有情照因果何託因識二塗用合本異其本旣異厥體不同情照別起於理非礙六度九劫差不足疑也

神不滅論　沈約

含生之類識鑒相懸等級參差千累萬沓昆蟲則不逮飛禽飛禽則不逮犬馬昺明昭著不得謂之不然人品以上賢愚殊性不相窺涉不相曉解燕北越南未足云匹其愚者則不辨菽麥悖者則不知愛敬自斯巳上性識漸弘班固九品曾未槩其萬一何者賢之與愚蓋由知與不知也愚者所知則少賢者所知則多而萬物交加群方緬曠情性曉昧理

趣深玄由其塗求其理旣有曉昧之異遂成
高下之差自此相傾品級弥峻窮其原本盡
其宗極互相推仰應有所窮其路旣窮無微
不盡又不得謂不然也且五情各有分域耳
目各有司存心運則形忘目用則耳廢何則
情靈淺弱心慮雜擾一念而兼無由可至旣
不能兼紛糺遞襲一念未成他端互起互起
衆端復同前矣不相兼之由由於淺惑惑淺
爲病病於滯有不淺不惑出於兼忘以此兼
忘得此兼照始自凡夫至于正覺始惑於不惑
不兼至能兼又謂不然也又昆蟲夭促含靈
靡二或朝生夕殞或不識春秋自斯而進脩

短不一既有其短豈得無長虛用損年善攝增壽善而又善焉得無之又不得謂之不然也生既可夭則壽可無夭既無矣則生不可極形神之别斯既然矣形既可養神寧獨異神妙形麁較然有辨養形可至不朽養神安得有窮養神不窮不生不滅始末相校豈無其人自凡及聖含靈義等但事有精麁故人有凡聖聖既長存在凡獨滅本同末異義不經通大聖貽訓豈或斯哉

難范縝神滅論　沈約

來論云形即是神神即是形又云人體是一故神不得二若如雅論此二物不得相離則

七竅百體無處非神矣七竅之用既異百體所營不一神亦隨事而應則其名亦應隨事而改神者對形之名而形中之形各有其用則應神中之神亦應各有其名矣今舉形則有四肢百體之異屈伸聽受之别各有其名各有其用言神唯有一名而用分百體此深所未了也若形與神對片不可差何則形之名多神之名寡也若如來論七尺之神神則無處非形形則無處非神矣刃則唯刃猶利非刃則不受利名故刃是舉體之稱利是一處之目刃之與利既不同矣形之與神豈可妄合耶又昔日之刃今鑄爲劒劒利即是刃

利而刀形非劒形於利之用弗改而質之形
已移與夫前生爲甲後生爲丙天人之道或
異往識之神猶傳與夫劒之爲刀刀之爲劒
有何異哉又一刀之質分爲二刀形已分
矣而各有其利今取一牛之身而剖之爲兩
則飲齕之生即謝任重之用不分又何得以
刀之爲利譬形之與神耶來論謂刀之與利
即形之有神刀則舉體是一利形則舉體是
一神神用於體則有耳目手足之別手之用
不爲足用耳之用不爲眼用而利之爲用無
所不可亦可斷蛟虵亦可截鴻鴈非一處偏
可割東陵之瓜一處偏可割南山之竹

若謂利之爲用亦可得分則足可以執物眼可以聽聲矣

若謂刃背亦有利兩邊亦有利但未鍜而銛之耳利若遍施四方則利體無處復立形方形直並不得施利利之爲用正存一邊毫毛處耳

神之與形舉體若合又安得同乎刃若舉體是利神用隨體則分若使刃之與利其理若一則胛下亦可安眼背上亦可施鼻可乎不可也

若以此譬爲盡耶則不盡若謂本不盡耶則不可以爲譬也若形即是神神即是形二者

相資理無偏謝則神亡之日身亦應消而今
有知之神亡無知之形在此則神本非形形
本非神又不可得強令如一也若謂揔百體
之質謂之形揔百體之用謂之神今百體各
有其分則眼是眼形耳是耳形眼形非耳形
耳形非眼形則神亦隨百體而分則眼有眼
神耳有耳神耳神非眼神眼神非耳神也而
偏枯之體其半已謝已謝之半事同木石譬
彼僵尸永年不朽此半同滅半神既滅半體
猶存形神俱謝弥所駭惕
若夫二負之尸經億載而不毀單開之體尚
餘質於羅浮神形若合則此二士不應神滅

而形存也
來論又云欻而生者欻而滅者漸而生者漸
而滅者請借子之衝以攻子之城漸而滅謂
死者之形骸始乎無知而至于朽爛也若然
則形之與神本爲一物形既病矣神亦告病
形既謝矣神亦云謝漸之爲用應與形俱形
以始亡末朽爲漸神獨不得以始末爲漸耶
來論又云生者之形骸變爲死者之骨骼案
如來論生之神明生之形骸既化爲骨骼矣
明生之神明獨不隨形而化乎若附形而化
則應與形同體若形骸即是骨骼則死之神
明不得異生之神明矣向所謂死定自未死

也若形骸非骨骼則生神化爲死神生神化爲死神即是三世安謂其不滅哉神若隨形形既無知矣形既無知神本無質無知便是神亡神亡而形在又不經通若形雖無知神尚有知形神既不得異則向之死形翻復非枯木矣

因緣無性論序

陳沙門釋眞觀

泉亭令德有朱三議者非唯外學通敏亦是內信淵明常自心重大乘口誦般若忽著自然之論便興有性之執或是示同邪見或是實起倒心交復有損正眞過傷至道聊裁後論以祛彼執雖復辭無足採至而理或可觀

若與余同志希共詳覽也

性法自然論

朱世卿

寓兹先生喟然歎曰夫萬法萬性皆自然之理也夫惟自然故不得而遷貿矣故善人雖知善之不足憑也善人終不能一時而爲惡惡人復以惡之不足誡也惡人亦不能須臾而爲善又體仁者不自知其爲善體愚者不自覺其爲惡皆自然而然也座右之賓假氏大夫忽然作色而謂曰固哉先生之説也違大道而謬聖人之言先生曰大道誰主聖人何言大夫曰大道無主而無所不主聖人無言而無所不言先生曰請言其所言性命

之所由致乎請説其所主主善惡之報應乎

大夫曰何爲其不然也

蓋天地扶大道之功以載育聖人合天地之德以設敎序仁義五德以檢其心説詩書六藝以訓其業此聖人之言也若積善之家必有餘慶積不善之家必有餘殃故曰聖人無親常與善人六極序而降行懲五福陳而善心勸三世爲將覩覆敗之權七葉修善有興隆之性陳賞寵而不倿邴昌踈而紹國斯道家之効也何先生言皆自然之理而不可遷貿者哉先生笑而應曰世所謂拘繩之人繩盡而不知遷若大夫之徒是也敬課管陋爲吾

子陳之蓋二儀著而六子施百姓育而五材用用此句者隅萬法而盡然焉人爲生最靈膺自然之秀氣稟姸媸盈減之質懷哀樂喜怒之情挺窮達脩短之命封愚智善惡之性夫哀樂喜怒伏之於情感物而動窮達脩短藏之於命事至而後明姸媸盈減著之於形有生而表見愚智善惡封之於性觸用而顯徹此八句者揔人事而竭焉皆由自然之數無有造爲之者夫有造爲之者必勞有出入之者必滿有酬酢之者必謬此三者非造物之功也故墨子曰使造化三年成一葉天下之葉少哉蓋聖人設權巧以成教借事似以勸

威見強勇之暴寡怯也懼刑戮之弗禁乃陳禍淫之威傷敦善之不勸也知性命之不可易序福善以彜之故聽其言也似若勿爽徵其事也萬不一驗子以本枝繁植斯履道之所致蒸甞莫主由遺行之所招身居逸樂爲善士之明報體事窮苦是惡人之顯戮孫叔少不埋虵長無令尹之貴邴吉前無陰德終闕丞相之尊若然則天道以重華文命荅舷叟之極愚以商均丹朱酬堯舜之至聖太伯三世無翫兵之咎而假嗣於仲虞漢祖七葉不聞篤善之行遂造配天之業箕稱享用五福身抱夷滅之痛孔云慶鍾積善躬事旅人

之悲顔冠七十之上有不秀之旨冉在四科
之初致斯人之嘆而商臣累王荆南冒頓世
居塞北首山無解顔之鬼汨水有抱怨之魂
康成以姓改鄉不濟小聖之禍王褒哀變隴
木適受非忘之災二生居衞覆舟之痛誰罪
三仁在亳剖心之酷何辜若乃側近邦畿窑
迹世代非墳籍所載在耳目之前者至有腹
藏孟門之險心庫豺虺之毒役慮唯以害他
爲念行己必用利我爲先錐刀推其尖鋭谿
壑訝其難滿而則百兩外榮千鍾内實優偃
綺羅坐列甘脆鳴金縮玉富逸終身自有懷
白璧而爲襟瑩明珠而成性心不能行啓蟄

之殺手不忍折方長之條懷殊材而莫採蓄
美志而誰盻偏糅於冗雜之中見底於鄉閭
之未抱飢寒而溘死與麋鹿而共埋享嘗寂
漠孀孩無寄名字不聞湮沉電滅如斯可恨
豈一人哉是知桀跖之凶殘無懼來禍之將
及閔曾之篤行勿擬後慶之當臻故鶡冠子
曰夫命者自然者也賢者未必得之不肖者
未必失之斯之謂矣大夫曰若子引百家之
言則列子之爲名者必廉廉斯貧爲名者必
讓讓斯賤若然者則貧賤者立名之士所營
而至也則富貴者貪競之徒所求而得也何
名自然之數哉先生曰此乃一隅之説非周

於理者也夫富貴自有貪競富貴非貪競所能得貧賤自有廉讓貧賤非廉讓所欲邀自有富貴而非貪求貧賤而不廉讓且子罕言命道藉人弘故性命之理先聖之所憚說善惡報應天道有常而關哉譬如溫風轉華寒飈颺雪有委溲糞之下有累玉階之上風飈無心於厚薄而華霰有穢淨之殊途天道無心於愛憎而性命有窮通之異術子聞于公待封而封至嚴毋望喪而喪及若見善人便言其後必昌若覩惡人便言其後必亡此猶終身守株而冀狡兔之更獲耳大夫於是斂容而謝曰若僕者所執偏述而昧通途守狹

近而失遐曠今承德音渙然蒙啓譬猶踈蜀
伏尸歷萬古而忽悟中山沉醉未千朝而遽
醒請事斯語以銘諸紳

或問曰朱子託憑虛之談暢方寸之底論情
指事深有趣焉但詳之先典有所未達夫人
哀樂喜怒之情包善惡之性資待之方不足
於是爭奪之事斯興才識均者不能相御天
生仁聖寔使司牧樂者聖人之所作禮者先
王之所制三千之儀以檢其迹五音之和以
導其心設爵以勸善懸刑以懲惡纖毫不漏
酬酢如響玉帛云乎非無爲所薦鼓鍾斯合
豈自然而諧千科滿目靡非力用所構百貫

參差悉由智思而造吾子湯武之臣隷周孔之學徒出入户牖伏膺名敎而云善人知善之不足憑也惡人知惡之不足誡也善不能招慶禍不能報惡是何背理之談也且翾翔蠕動猶知去就況人爲最靈而同一自然之物此豈高厚之詩何取譬之非類情所未達

敬待清酬答曰昔盧敖北遭若士自傷足跡之未曠河宗東窺溟海方歎秋水之不多吾子習近成性未易可與談遠大者也今子以屈伸俯仰心慮所爲彫鏤剪琢身手所作禮樂者聖人之所作聖人者天地之所生請爲吾子近取諸身則可以遠通諸物子以耳聞

眼見足蹈手握意謂孰使之然身有痾疾冷
熱皆不自知哀樂喜怒興廢安在何地有識
者自知識之所在者乎有智者自知智之所
存者乎若識遍身中傷身則識裂智若隨事
起事謝則智滅果識不知識智不知智於是
推近以達遠觸類而長之故知禮樂不自知
其所由而製聖人不自知其所由而生兩像
亦不知其所由而立矣於是殊形異慮委積
充盈靜動合散自生自滅動靜者莫有識其
主生滅者不自曉其根蓋自然之理著矣所
謂非自然者乃大自然也是有爲者乃大無
爲也子云天生聖人是使司牧何故唐虞疊

聖加以五臣文武重光益以十亂豈天道之不能一其終始將末代貽咎於天地大舜大堯非欲生不肖之子龍逢比干豈樂身就誅割孔子歷聘栖遑卒云執鞭不憚顔稱回何敢死終使慈父請車彼三聖三仁可謂妙取捨矣天能令東海亢旱不如理孝婦之怨地能使高城復塹未若救杞梁之殞故榮落死生自然定分若聖與仁不能自免深味鄙句理存顯然

因緣無性論　　陳眞觀法師

請疑公子致言於通敏先生曰夫二儀始判則庶類是依七曜既懸則兆民斯仰但生前

死後繫象之所未明古往今來賢聖於焉莫究而希玄君子互騁鑽求慕理名人競加穿鑿寓茲所說則盛辨自然假氏所明則高陳報應雖自然鋒鏑克勝於前報應干戈敗績於後而愚心難啓暗識易迷二理交加未知孰是

通敏先生乃抵掌而對曰省二君之清論實各擅於偏隅自然則依傍於老莊報應則祖述於周孔可謂楚則巳失而齊亦未爲得也今爲吾子揚攉而陳之夫三墳五典善惡之理未彰八索九丘幽明之路猶擁況復漆園傲吏恍忽狂生獨稱造化之宗偏據自然之

性乃爲一時之矯俗非關契理之玄謀今請問自然之本爲何所趣有因果耶無因果乎若謂自然尚論因果則事同矛盾兩言相食愚人所笑智者所悲直置巳傾不煩多難若謂永無報應頓絶因果則君臣父子斯道不行仁義孝慈此言何用便當造惡招慶爲善致殃亦應鑚火得冰種豆生麥未見聲和響戾形曲影端者也若以放勛上聖而誕育於丹朱重華至德而生於瞽叟便爲自然而然者竊爲足下不足焉夫至親之道乃曰天性而各隨行業曾不相關堯舜樹德於往生故稟兹靈智瞽叟興惡乎前世故致此頑嚚而

復共結重緣還相影發乃欲因凡顯聖以智
化愚若無瞽叟之皃豈知克諧之美自非放
勛之聖誰化慢遊之惡故阿難調達並爲世
尊之弟羅睺善星同是如來之胤而阿難常
親給侍調達每興害逆羅睺則護珠莫犯善
星則破器難收以此而觀諒可知矣若云各
有自性不可遷貿者此殊不然至如鷹化爲
鳩本心頓盡橘變成枳前味永消昔富今貧
定性之理難奪先貴後賤賦命之言何在吕
望屠牛之士終享太師伊尹負鼎之人卒登
丞相戴淵四隣所患後著高名周處三害之
端晚稱令德闍王無間之罪翻然改啚育王

莫大之愆忽能尊善若依自性之理豈容得有斯義善人唯應修善不可片時造惡惡人恒自起惡無容一念生善是則榮枯寵辱皆守必然愚智尊卑永無悛革豈其然乎決不然也又若以修德之人翻感憂慼行善之者反致沉淪以爲自然之命亦不然也若行善而望報去善更遙修德以邀名離德逾遠若必挺珪璋之性懷瓏琰之心本無意於名聞曾不欣乎富貴而英聲必屬雅慶方臻或可未值知音便同散木不逢別玉遂等沉泥暫且龍潛無虧鳳德豈容區區於天壤擾擾於世間自可固窮無煩殞獲至如太伯高讓而

流芳千祀仲尼窮戹而傳名萬代顔稱早世特是命業不長冉致斯疾當由病因未斷二子伏誅弥顯衛靈之惡三仁受戮方見殷紂之愆首山之餓不免求名之責汨水之沉尚貽懷怨之咎且夫決定成業非神力之所救必應受報豈聖智而能禳並起昔因非今造也若謂屠割爲務而求壽百齡盜竊居懷而豐財巨億以爲定性而然者亦所未喻也斯由曩生片善感此命財今世重殃未招果報以其爲罪既大受苦宜多所以且緩其誅宜縱其惡一朝禍盈疊積則便覆巢碎卵長歸萬子泥黎永處無間地獄故書云惡不積無

以滅身此之謂矣亦有見招果報事接見聞至如王莽簒逆則懸首漸臺董卓凶殘則曝屍都市晉侯殺趙朔感陷厠之悲齊主害彭生有墜車之痛夏桙顛覆桀之罪也殷宗殄喪紂之過焉故知因果之義睦離難准業報之理參差不定所謂生報現報及後報也

請疑公子曰若以自然之計於義不可則報應之辨在言爲得而前旨復云二君所述皆非契理未知此意可得而聞耶

通敏先生曰子既慇懃屢請余亦僶俛相答但自省庸陋未伸其要妙耳尋法本非有非有則無生理自非無非無則無滅無生無滅

諸法安在非有非無萬物何寄蕩乎清淨推求之路斯斷夷然平等取捨之徑無從豈有報應之理可求善惡之相可得直以凡品衆生未了斯致故橫興諍論強生分別所謂渴人逐燄水在何池眼病見華空曾無樹但爲接近情祛其重惑微示因果略顯業緣使定性執除自然見弭若達乎正理悟此眞法亦復何所而有何所而無哉於是二三君子相視心驚欣然領悟退席敬伏而言曰今者可謂朝聞夕死虛往實歸積滯皆傾等秋風之落葉繁疑並散譬春日之銷冰謹當共捨前迷同遵後業矣

齊三部一切經願文 魏收

三有分區，四生禀性，共遊火宅，俱淪欲海。所以法王當洲渚之運，覺者應車乘之期，導彼沉迷，歸茲勝地。自寶雲西映，法河東瀉，甘露橫流，隨風感授。皇家統天尊道，崇法拔群品於有待，驅衆生於不二，所以刻檀作繢，構石彫金，遍於萬國，塵沙數等。復詔司存，有事緇素，精誠踰於皮骨，句偈盡於龍宮，金口所宣，摠勤繕寫，各有三部，合若干卷。用此功德，心若虛空，以平等施，無思不洽，藉我願力，同登上果。

周經藏願文 王褒

年月日某和南云云蓋聞九河跡迹策蘊靈丘四徹中緗書藏群玉亦有青丘紫府三皇刻石之文綠檢黃繩六甲靈飛之字豈若如來秘藏譬彼明珠諸佛所師同夫淨鏡鹿苑四諦之法尼園八犍之文香山巨力豈云能負以歲在昭陽龍集天井奉爲云云

奉造一切經藏始乎生滅之教訖於泥洹之說論議希有短偈長行青首銀函玄文玉匣陵陽餌藥止觀仙字關尹望氣裁受玄言未有龍樹利根看題不遍斯陀淺行同座未聞盡天竺之音窮貝多之葉灰分八國文徙罽賓石盡六銖書還大海仰願過去神靈秉茲

道力得無生忍具足威儀又願國祚遐長臣民休慶四方内附萬福現前六趣怨親同登正覺

寶臺經藏願文　隋煬帝

菩薩戒弟子楊廣和南仰惟如來應世聲教被物慇懃微密結集法藏帝釋輪王既被付囑菩薩聲聞得揚大化度脱無量以迄于今至尊拯溺百王混一四海平陳之日道俗無虧而東南愚民餘燼相煽爰受廟略重清海濵役不勞師以時寧復深慮靈像尊經多同煨燼結鬘繩墨湮滅溝渠是以遠命衆軍隨方收聚未及朞月輕舟總至乃命學司依名

次録并延道場義府覃思澄明所由用意推比多得本類莊嚴脩葺其舊惟新寶臺四藏將十萬軸因發弘誓永事流通仍書願文悉連卷後頻屬朝覲著功始畢今止寶臺正藏親躬受持其次藏已下則慧日法靈道場日嚴弘善靈刹此外京都寺塔諸方精舍而梵宮互有小大僧徒亦各衆寡並隨經部多少斟酌分付授者既其懇至受者亦宜殷重長存法本遠布達摩必欲傳文來入寺寫勿使零落兩失無作前佛後佛諒同金口即教當教寧殊玉諜須弥山上衆聖共持金剛海底天龍盡護散在閻浮亦復如是追念繕造之

者厥誠至隆心手勤到何量功德捨撤淨財豈可稱計所資甘雨用沃焦芽能生諸佛本是般若人能弘法非道弘人恕己深恩即是自爲令陳此意乃似執著若不開警則不深固自行化他備在經律顧循菲識誠媿通方因果相推何殊眼見豈不知獨善且最勝無

爲第一樂内典法與自開衆僧何事區區横相負荷但慶憑宿植生長王宮謁陛趨庭勗存遠大出受蕃寄每用祇兢非唯禮樂政刑一遵成旨而舟航運出弥奉弗墜無容棄禝禼而同園綺變菩薩而作聲聞越用乖方既其不可篤信受付竊敢當仁然五種法師俱

得六根清淨而如說修行涅槃最近徒守經律不依佛戒口便說空心滯於有無上醫王隨病逗藥開乳含酥爲方旣異甜冷苦熱取療亦殊譬前後教門別赴幾性根莖枝葉受潤終齊揔會津梁無不入道猶如問孝問仁孔酬雖别治身治國老意無乖殊途同歸一致百慮内外相融義同泯合何處有學毗曇而不成聖執黎耶即能悟眞師子嚴鎧反貽毀於羸目象足至底翻取誚於蜂房心同剱戟諍踰水火經意論意都不如斯通經通論何因若此恐施甘露更成毒藥儻均味海則致醍醐聖御紺寶天飛金輪雲動納萬善於

仁壽揔一乘於普會開發含識濟度群生令所傳經遍于宇内衆聖潛力必運他方共登菩提早證常樂則是弟子之伸順弘誓於無窮平等坦然通遣唱白達識體之念隨喜也

請御製經序表　　唐三藏法師玄奘

沙門玄奘言奘以貞觀元年往遊西域求如來之秘藏尋釋迦之遺旨揔獲六百五十七部並以載於白馬以貞觀十八年方還京邑尋蒙勑旨令於弘福道場披尋翻譯今已翻出菩薩藏等經伏願垂恩以爲經序唯希勑旨方布中夏幷撰西域傳一部揔二十四卷謹令舍人李敬一以將恭進無任悚息之至

謹奉表以聞謹言
勑答玄奘法師前表
省書具悉來旨法師夙標高志行出塵表汎
寶舟而登彼岸搜妙道而闢法門弘闡大猷
蕩滌衆累是故慈雲欲卷舒之而蔭四生慧
日將昏朗之而照八極舒朗之者其唯法師
乎朕學淺心拙在物猶迷況佛教幽微豈能
仰測請爲經題者非己所𦤶又云新撰西域
記者當自披覽勑
奘上重請經題序啓　　　沙門玄奘
伏奉墨勑猥垂奬喻祗奉綸言精守震越玄
奘業得空疏謬忝法侶幸屬九瀛有截四海

無虞憑皇靈以遠征恃國威而訪道窮遐冒
險雖勵愚誠纂異懷荒寔資朝化所獲經論
奉勑翻譯見成卷軸未有詮序伏惟
陛下睿思雲敷天華景爛理包繫象調逸咸
英跨千古以飛聲掩百王而騰實竊以神力
無方非神思不足詮其理聖教玄遠非聖藻
何以序其源故乃冒犯威嚴敢希題目宸睠
沖邈不垂矜許撫躬累息相顧失圖玄奘聞
日月麗天既分暉於戶牖江河紀地亦流潤
於巖崖雲和廣樂不秘響於聾昧金璧奇珍
豈韜彩於愚瞽敢緣斯理重以干祈伏乞雷
雨曲垂天文俯照配兩儀而同久與二曜而

俱懸然則鷲嶺微言假神筆而弘遠雞園奧義
託英詞而宣暢豈止區區梵衆獨荷恩榮亦使蠢
蠢迷生方超塵累而已謹奉 表奏以聞謹言
勑遂許焉謂駙馬高履行曰汝前請朕爲汝
父作碑今氣力不如昔願作功德爲法師作
序不能作碑汝知之貞觀二十二年幸玉華
宫追奘至問翻何經論荅正翻瑜伽上問何
聖所作明何等義具荅已令取論自披閱遂
下勑新翻經論寫九本頒與雍洛相兗荆楊
等九大州奘又請經題上乃出之名大唐三
藏聖教序於明月殿命弘文舘學士上官儀
對群僚讀之

三藏聖教序　唐太宗文皇帝

蓋聞二儀有像顯覆載以含生四時無形潛寒暑以化物是以窺天鑑地庸愚皆識其端明陰洞陽賢哲罕窮其數然而天地包乎陰陽而易識者以其有像也陰陽處乎天地而難窮者以其無形也故知像顯可徵雖愚不惑形潛莫覩在智猶迷況乎佛道崇虛乘幽控寂弘濟萬品典御十方舉威靈而無上抑神力而無下大之則彌於宇宙細之則攝於毫釐無滅無生歷千劫而不古若隱若顯運百福而長今妙道疑玄遵之莫知其際法流湛寂挹之莫測其源故知蠢蠢凡愚區區庸

鄙投其旨趣能無疑惑者哉然則大教之興
基於西土騰漢庭而皎夢照東域而流慈昔
者分形分跡之時言未馳而成化當常現常
之世民仰德而知遵及乎晦影歸眞遷儀越
世金容掩色不鏡三千之光麗象開圖空端
四八之相於是微言廣被拯含類於三途遺
訓遐宣導群生於十地然而眞教難仰莫能
一其指歸曲學易遵邪正於焉紛糺所以空
有之論或習俗而是非大小之乘乍沿時而
隆替有玄奘法師者法門之領袖也幼懷貞
敏早悟三空之心長契神情先包四忍之行
松風水月未足比其清華仙露明珠詎能方

其朗潤故以智通無累神測未形超六塵而迥出隻千古而無對凝心内境悲正法之陵遲棲慮玄門慨深文之訛謬思欲分條析理廣彼前聞截僞續眞開茲後學是以翹心淨土往遊西域乘危遠邁杖策孤征積雪晨飛途閒失地驚砂夕起空外迷天萬里山川撥煙霞而進影百重寒暑躡霜雨而前蹤誠重勞輕求深願達周遊西宇十有七年窮歷道邦詢求正教雙林八水味道餐風鹿苑鷲峯瞻奇仰異承至言於先聖受眞教於上賢探賾妙門精窮奧業一乘五律之道馳驟於心田八藏三篋之文波濤於口海爰自所歷之

國揔將三藏要文凡六百五十七部譯布中夏宣揚勝業引慈雲於西極注法雨於東陲聖教缺而復全蒼生罪而還福濕火宅之乾燄共拔迷途朗愛水之昏波同臻彼岸是知惡因業墜善以緣昇昇墜之端惟人所託譬夫桂生高嶺零露方得泫其華蓮出淥波飛塵不能汙其葉非蓮性自潔而桂質本貞良由所附者高則微物不能累所憑者淨則濁類不能沾夫以卉木無知猶資善而成善況乎人倫有識不緣慶而求慶方冀茲經流施將日月而無窮斯福遐敷與乾坤而永大

謝勑賚經序啓

沙門玄奘言竊聞六爻探賾局於生滅之場百物正名未涉眞如之境猶且遠徵羲冊覩奧不測其神遐想軒圖歷選並歸其美伏惟皇帝陛下玉毫降質金輪御天籠先王之九州掩百千之日月斥列代之區域納恒沙之法界遂使給園精舍並入隄封貝葉靈文咸歸冊府玄奘往因振錫聊謁崛山經途万里怙天威如咫步匪乘千葉詣雙林如食頃搜揚三藏盡龍宮之所儲研究一乘窮鷲嶺之遺旨並以載乎白馬來獻紫宸尋蒙下詔賜使翻譯玄奘識乖龍樹謬忝傳燈之榮才異馬鳴深媿瀉瓶之敏所譯經論紕舛尤多遂

荷天恩留神構序文超象繫之表若聚日之
放千光理括衆妙之門同法雲之霈百草一
音演説億劫罕逢無以微生親承梵響踊躍
歡喜如聞授記無任忻荷之極謹奉表詣
闕陳謝以聞謹言

勑荅謝啓

朕才謝珪璋言慚博達至於内典尤所未閑
昨製序文深爲鄙拙唯恐穢翰墨於金簡標
瓦礫於珠林忽得來書謬承褒讃循環省慮
彌益厚顔善不足稱空勞致謝

皇太子臣治述聖記三藏經序 唐高宗皇帝

夫顯揚正教非智無以廣其文崇闡微言非

賢莫能定其旨蓋眞如聖教者諸法之玄宗
衆經之軌躅也綜括宏遠奥旨遐深極空有
之精微體生滅之機要詞茂道曠尋之者不
究其源文顯義幽履之者莫測其際故知聖
慈所被業無善而不臻妙化所敷緣無惡而
不翦開法網之綱紀弘六度之正教拯群有
之塗炭啓三藏之秘扃是以名無翼而長飛
道無根而永固道名流慶歷邃古而鎮常赴
感應身經塵劫而不朽晨鍾夕梵交二音於
鷲峯慧日法流轉雙輪於鹿苑排空寶蓋接
祥雲而共飛莊野春林與天花而合彩伏惟
皇帝陛下上玄資福垂拱而治八荒德被黔

黎歛衽而朝萬國恩加朽骨石室歸貝葉之
文澤及昆蟲金匱流梵說之偈遂使阿耨達
水通神甸之八川耆闍崛山接嵩華之翠嶺
竊以法性凝寂靡歸心而不通智地玄奧感
懇誠而遂顯豈謂重昏之夜燭慧炬之光火
宅之朝降法雨之澤於是百川異流同會於
海萬區分義揔成乎實豈與湯武校其優劣
堯舜比其聖德者哉玄奘法師者夙懷聰令
立志夷簡神清齠齔之年體拔浮華之世凝
情定室匿迹幽巖栖息三禪巡遊十地超六
塵之境獨步迦維會一乘之旨隨機化物以
中華之無質尋印度之真文遠涉恒河終期

滿字頻登雪嶺更獲半珠問道往還十有七載備通釋典利物爲心以貞觀十九年二月六日奉勅於弘福寺翻譯聖教要文凡六百五十七部引大海之法流洗塵勞而不竭傳智燈之長燄皎幽闇而恒明自非久植勝緣何以顯揚斯旨所謂法相常住齊三光之明我皇福臻同二儀之固伏見御製衆經論序照古騰今理含金石之聲文抱風雲之潤治輒以輕塵足岳墜露添流略舉大綱以爲斯記

奘師謝皇太子聖教序啓

玄奘聞七燿摛光憑高天而散景九河灑潤因厚地以通流是知相資之義處物既然演

法依人理在無惑伏惟皇太子殿下發揮睿藻再述天文讚美大乘莊嚴實相珠迴玉轉霞爛錦舒將日月而聯華與咸英而合韻玄奘輕生多幸沐浴殊私不任銘佩奉啓陳謝謹啓

皇太子答沙門玄奘謝聖教序書

治素無才學性不聰敏内典諸文殊未觀覽所作論序鄙拙尤繁忽見來書褒揚讚述撫躬自省慙悚交并勞師遠臻深以爲愧

金剛般若經注序

唐褚亮

若夫大塊均形役智從物情因習改性與慮遷然則達鑒窮覽皎乎先覺照慧炬以出重昏拔愛河而升彼岸與夫輪轉萬劫蓋滌六

塵流遁以徇無涯躊馳而趣捷徑豈同日而言也潁川庾初孩早卯篤信以爲般若所明歸於正道顯大乘之名相標不住之宗極出乎心慮之表絕於言象之外是以結髮受持多歷年所雖妙音演說成誦不虧而靈源邃湛或有未悟嗟迷方之弗遠睠砥途而太息屬有慧淨法師博通奧義辯同炙輠理究連環庾生入室研幾伏膺善誘秉此誓願仍求註述法師懸鏡忘疲斟鐏自滿上憑神應之道傍盡心機之用敷暢微言宣揚至理曩日舊疑渙焉氷釋今茲妙義朗若霞開爲像法之梁棟變群生之耳目詞鋒秀上映鷲岳而

相高言泉激壯赴龍宮而競遠且夫釋敎西
興道源東注世閥賢智才兼優洽精該睿旨
罕見其人今則沙門重闡籍甚當世想此玄
宗鑾爲稱首歲唯闍茂始創懷袖月躔仲呂
爰茲絕筆緇俗攸仰軒蓋成陰扣鍾隨其小
大鳴劒發其光彩一時學侶專門受業同涉
波瀾遞相傳授方且顧蕤琳遠俯視安生獨
步高衢對揚正法遼東眞本望懸金而不刊
指南所寄藏群玉而無朽豈不盛哉豈不盛哉

金剛般若經集註序

司元大夫隴西李儼字仲思撰

夫以觀鳥垂文振宏規於八體泣麟敷典澳

洪波於九流循其轍者不踰乎寰域涉其源者僅歸乎仁義孰若至聖乘時能仁昭法剖秋毫於十地揔沙界而詮道釋春冰於一乘冠塵劫而流化若迺是相非相是空非空窅乎不測廓焉無像假名言以立體包權實而爲用窮不照之照引重昏於夢境運無知之知導群迷於朽宅究其實相則般若爲之宗矣自眞容西謝像教東流香城徙築於綿區寶臺移構於中壤鱗萃羽集者咸徇其法雲褰霧廓者已悟其眞至矣哉無得而稱也然此梵本至秦弘始有羅什三藏於長安城創譯一本名舍衛國暨於後魏宣武之世有流

支三藏於洛陽城重翻一本名舍婆提江南梁末有眞諦三藏又翻一本名祇樹林隋初開皇有佛陀耶舍三藏又翻一本名祇陀林大唐有玄奘三藏又翻一本名誓多林雖分軫揚鑣同歸至極而筌詞析義頗亦殊途然流支翻者兼帶天親釋論三卷又翻金剛仙論十卷隋初耶舍又翻無著釋論兩卷比挍三論文義大同然新則理隱而文略舊則工顯而義周兼有秦世羅什晉室謝靈運隋代曇琛皇朝慧淨法師等並器業韶茂博雅洽聞耽味茲典俱爲注釋研考秘賾咸聘異義時有長安西明寺釋道世法師字玄惲德鏡玄

流道資素蓄伏膺聖教雅好斯文以解詁多
門尋覈勞近未若參綜厥美一以貫之爰掇
諸家而爲集註開題科簡同銘斯部勒成三
卷号爲集註般若兼出義疏三卷玄義兩卷
現行要用文理周悉庶使靈山積壤干天之
[illegible]彌高巨海納川浴日之波逾廣披文者異
窮其理講導者洞盡其性學侶無疲於倍功
談客有同於兼採金口妙義掩二曜以長懸
玉軸微言貫三才而靡絕豈止聲芬鷲嶺字
韞龍宮而已哉

與翻經大德等書序　太常博士柳宣

歸敬偈

稽首諸佛　願護神威　當陳誠願　罔或尤譏
況晦未悟　圓覺所歸　久淪愛海　舟檝攸希
異執乖競　和合是依　玄離取有　理絕過違
慢乖八正　戲入百非　同捨同辨　染淨混微
簡金去礫　琢玉裨輝　能仁普鑒　凝慮研機
契誠大道　孰敢毀誹　謣謣崇德　唯唯浸衰
惟願留聽　度有發揮　望矜悃悃　垂誨斐斐

歸敬曰昔能仁示現王宮假歿雙樹微言旣暢至理亦弘剎土蒙攝受之恩懷生沾昭穌之惠自佛樹西蔭覺影東臨漢魏寔爲濫觴符姚盛其風彩自是名僧間出達士連鑣慧日長懸法輪恒馭開鑿之功始自騰顯弘闡

之力仍資什安别有善開遠適羅浮啚澄近
現趙魏粗言圭角未可縷陳莫不辯空有於
一乘論苦集於四諦假銓明有終未離於有
爲息言明道方契證於凝寂猶執玄以求玄
是玄非玄理因玄以忘玄或是玄義雖冥會
幽途事絶言象然攝生歸寂終藉筌蹄亦既
立言是非鋒起如彼戰爭干戈競發負者屏
氣勝者先鳴故尚降魔制諸外道自非辯才
無畏答難有方則物輩喧張我等耻辱是故
專心適道一意摠持法幢祗植法皷遐震旗
皷既正則敵者殘摧法輪既轉能威不伏若
使望風旗靡對難含膠而能闡弘三寶無有

是處尚藥吕奉御入空有之門馳正見之路
聞持擬於昔賢洞微侔於往哲其辭辯其義
明其德眞其行著已沐八解之流又悟七覺
之分影響成教若淨名之詣菴園聞道必求
猶波崘之歸無竭意在弘宣佛教立破因明
之踪若其是也必須然其所長如其非也理
合指其所短今現僧徒雲集並是採石他山
朝野俱聞吕君請益莫不側聽瀉水皆望蕩
滌掉悔之源銷屏疑忿之聚有太史令李淳
風者聞而進曰僕心懷正路行屬歸依以實
際爲大覺玄軀無爲是調御法體然皎日麗
天寔助上玄運用賢僧闡法實裨天師妙道

是所信受是所安心但不敢以黃葉爲金山雉成鳳南郭濫吹淄澠混流耳或有異議豈僕心哉豈僕心哉然鶴林已後歲將二千正法既通末法初踐玄理鬱而不彰覺道浸將湮落玄奘法師頭陀法界遠達迦維目擊道樹金河仍覩七處八會毗城鷲嶺身入彼鄉娑羅寶階仍驗虛實至如歷覽王舍檀特恒河如斯等輩未易具言也加之西域名僧莫不面論波若東域疑義悉皆質之彼師毗尼之藏既奉持而不捨毗曇明義亦洞觀而爲常蘇妬路既得之於聲明耨多羅亦剖斷於疑滯法無大小莫不韞之胷懷理無深淺悉能

使之敏慮故三藏之名在振旦之所推定摩訶之号乃羅衛之所共稱名實之際何可稍道然吕君學識該博義理精通言行樞機是所詳悉至於陀羅佛法稟自生知無礙辯才寧由伏習但以因明義隱所見不同猶觸象各[illegible]形共器飯有異色吕君既已執情道俗企望指定秋霜已降側聽鍾鳴法雲既敷雷震希發但龍象蹴蹋非驢所堪猶緇服壹奧白衣不踐脫知龍種抗説無垢釋疑則苾蒭悉曇亦優婆能盡輙附微慈請不爲煩若有滯疑望諮三藏裁決所以承稟傳示四衆則正道克昌覆障永絕紹隆三寶其在茲乎過

此巳往非復所悉弟子柳宣白

答博士柳宣　　　釋明濬

還述頌

於赫大聖　種覺圓明　無幽不察　如響酬聲

弗賫延慶　孰悟歸誠　良道可仰　寔引迷生

百川邪浪　一味吞并　物有取捨　正匪虧盈

八邪馳鋭　四句争名　飾非鑑是　抑重爲輕

照日氷散　投珠水清　顯無上德　體道居貞

縱加譽毀　未動遺榮　昂昂令哲　鬱鬱含情

俟諸達觀　定此權衡　聊伸悱悱　用簡英英

還述曰頃於望表預屬歸敬之詞其文煥乎

何偉麗也詳其雅致誠哉豈不然歟悲夫愛

海滔天邪山槩日封人我者顛墜其何已恃
慢結者漂淪而不窮至於六十二見爭翳薈
而自處九十五道競扶服而無歸如來以本
願大悲忘緣俯應内圓四智外顯六通運十
力以伏天魔飛七辯而摧外道竭茲愛海濟
稟識於三空殄彼邪山驗宵形於八正指因
示果反本還源大矣哉悲智妙用無德而稱
焉昔道樹登庸被聲教於百億堅林寢迹振
遺烈於三千自佛日西傾餘光東照周感夜
隕之瑞漢通宵夢之徵騰蘭炳慧炬於前澄
什嗣傳燈於後其於譯經弘法神異濟時高
論降邪安禪肅物緝頹綱者接蹤維絶紐者

肩隨莫不夷夏欽風幽明翼化聯華靡替可
略而詳惟今三藏法師蘊靈秀出含章而體
一味瓶瀉以贍五乘悲去聖之逾遠憫來教
之多闕緬思圓義徇道以身心口自謀形影
相弔振衣警錫討本尋源出玉關而遠遊指
金河而一息稽疑梵宇探幽洞微旋化神州
揚眞殄謬遺筌闕典大備茲辰方等圓宗彌廣
前烈所明勝義妙絶寰中之中眞性眞空極踰方
外之外以有取也有取喪其眞統無求也無求蠹其
實拂二邊之跡忘中道之相則累遣未易洎其深重
空何以臻其極要矣妙矣至哉大哉契之於心
然後以之爲法在心爲法形言爲教法有自

相共相敎乃遮詮表詮粹旨沖宗豈造次所能覼縷法師凝神役智詳正始末緝熙玄籍大啓幽關秘希聲應扣擊之大小鄭義海納朝宗之巨細於是殊方碩德異域高僧伏膺問道蓄疑請益固已飲和滿腹莫測其淺深聆音駭聽孰知其遠近至於因明小道現比蓋微斯乃指初學之方隅舉立論之標幟至若靈樞秘鍵妙本成功備諸奧冊非此所云也呂奉御以風神爽拔早擅多能器宇該通夙彰博物弋獵開墳之典鈎深壞壁之書鑽類而長應諸數述振風飈於辯囿摛光華於翰林驤首雲中先鳴日下五行資其筆削六

位佇其高談一覺太玄應問便釋冊尋言象
立試即成實晉代茂先漢朝蔓蒨方今葳如
也旣而翱翔群略綽有餘功而能敬慕大乘
夙敦誠信比因友生戲尒忽復屬想因明不
師資率巳穿鑿比決諸疏指斥求非諠議於
朝形於造次考其志也固巳難加覈其知也
誠爲可惑此論以一卷成部五紙成卷研機
三疏向己一周舉非四十自無一是自旣無
是而能言是疏本無非而能言非言非不非
言是不是言是不是是是而恒非言非不非
非非而恒是非非恒是不爲非所非是是恒
非不爲是所是以茲貽失致惑病諸且據生

因了因執一體而亡二義能了所了封一名而惑二體又以宗依宗體留依去體以爲宗喻體喻依去體留依而爲喻緣斯兩系忘起多疑迷極一成謬生七難但以鑽窮二論師己一心滯文句於上下誤字音之平去復以數論爲聲論舉生成爲滅成豈唯差離合之宗因蓋亦違倒順之前後又採鄙俚訛韻以擬梵本轉音雖廣援七種而只當一轉然非彼七所目乃是第八呼聲姘雜乖訛何從而至又案勝論立常極微數乃無窮體唯極小復衝和合生諸子微數則倍減於常微體又倍增於父母迄乎終巳體遍大千究其所窮

數唯成一呂公所引易繫辭云太極生二儀二儀生四象四象生八卦八卦生萬物云此與彼言異義同今案太極無形肇生有象元資一氣終成萬物豈得以多生一而例一生多引類欲顯博聞義乖復何託設引大例生義似同昔釋同於邪見深累如何自免豈得苟要時譽混正同邪非身之讎奚至於此凡所紕紊胡可勝言特由率己致斯狼狽根既不正枝葉自傾遂誤生疑隨疑設難曲形直影其可得乎試舉二三冀詳大意深疵繁緒委荅如別尋夫呂公達鑒豈孟浪而至此哉示顯真俗雲泥難易楚越因彰佛教卭遠正

法凝深譬洪鑪非掬雪所投渤澥豈膠舟能
越也太史令李君居忠履孝靈府沉秘襟期
遠邈專精九數綜涉六爻博考圖典瞻覩雲
物鄙衛宏之失度陋裨竈之末工神無滯用
望實斯在旣屬呂公餘論後致間言以實際
爲大覺玄軀無爲是調御法體此乃信熏修
容有分證稟自然終不可成良恐言似而意
違詞近而旨遠然天師妙道幸以冉斯且寢
氏天師崔君特薦其貽伊咎夫復何言雖謂
不混於淄澠蓋已自濫於金鍮耳唯公逸宇寥
廓學殫墳索庇身以仁義應物以樞機肅肅
焉汪汪焉擢勁節以干雲湛清瀾而鎮地騰

芳文苑職處儒林捃摭九疇之宗研詳二戴之說至於經禮三百曲禮三千莫不義符指掌事如俯拾鐏俎咸推其准的法度必待其雎黃遂令相鼠之詩絕聞於野魚麗之詠盈耳於朝唯名與實盡善盡美而誠敬之重稟自夙成弘護之心實唯素蓄屬斯誼議同恥疚懷故能投刺含膠允光大義非夫才兼內外照實隣幾豈能激揚清濁濟俗匡真耳昔什公門下服道者三千今此會中同德者如市貧道猥以庸陋叨廁末筵雖慶朝聞終慚夕惕詳以造跡三德並是貫達五乘墻仞罕窺辭峯難仰既屬商羊鼓舞而霈澤必霑詞

雷迅發恐無暇掩耳僉議古人曰一枝可以
戢羽何煩乎鄧林潢洿足以沉鱗豈俟於滄
海故不以愚懦垂逼課虚辭弗獲免粗陳梗
槩雖文不足取而義或可觀顧己庸踈彌增
悚恧指述還荅餘無所伸釋明濬白

廣弘明集卷第二十二　聚

縝之忍反 隋煬上音隨下余向反 褚亮上丑呂反下力向反 差忒
下他得反 一揆下求癸反理也 瞬詩閏反目動貌 万沓下唐合反重也 蜫
蟲別去是也 蠢動 昺明上音丙 菽麥上音叔丨豆也 悖
蒲沒反逆也 槩古愛反平也 峻思閏反高丨丨也 紛紏上芳文反下俱有反
雜亂也 遞襲上音第更丨也下音習丨及也 夕隕下羽敏反亡也 較然

上音教比丨也一音角鍛丁貫反丨鍊也銛息廉反丨利也胛下上音甲肩
丨僵尸上音薑正作殭死而不腐曰丨丨駭惕上胡買反下他的反丨丨驚悚
皃也欻許勿反卒起皃也衝尺容反戈擊也骨骼下古陌反聊裁上音
寮丨略裁製也寓茲上音遇寄也喟然上苦位反大息也遷貿下莫
候反易也懲音澄誠也邴音丙姓也捋縄上郎活反手丨姸媸上苦牽反
美也下尺之反醜也酬酢下音昨寡怯下丘劫反刑戮下音六觚

叟上古本反禹父名箕稱上居其反稱亭下許庚反旅人上音
呂顔冠下音貫汨水上音覓丨孋江屈原沉晃之處在毫下音薄州
名酷苦篤反毒之甚也邦畿下渠衣反王者内地也豺虺上音柴丨
狼也下許鬼反毒蛇也錐刀上質追反針丨也尖鋭下羊歲反利也谿
壑上溪字同下呼各反綰玉上烏极反衿瑩上音今正作襟衣丨下烏定反
啓蟄下直立反冬藏曰丨眄音麵視也糅尼救反雜也冗雜上介勇反

丨散也鄉閭下力居反里中門也溘死上苦合反奄也麋鹿上音眉小
鹿也享嘗上許兩反獻也孀孩上音霜寡婦也湮沉上音因桀跖
二字音竭隻古之賊人也臻側巾反至也鶡冠上音曷鳥名
不肖下音笑丨丨謂不似也憚徒旦反畏也飈颺
上必苗反下余向反風吹也溲糞上所愁反小便也下夫問反
華霰上音花下先見反雨雪同下曰霰狡兔上古巧反狹近上胡夾反
渙然上音喚遽醒上其據反下音星苞必交反司牧下音目守
也懲惡上音澄蠕動上音軟細蟲也盧敖下吾高反彫鏤下音
陋翦琢下音卓足蹈下音盜踐也手握下於角反痾疾上音
阿丨亦疾也古或作痾字用歷聘下疋併反杞梁上音起殞羽敏反亡
也繫象上胡計反周易有丨詞也乎騁下丑領反馳也鑽求上子官反
鋒鏑二字音峯的刂也干戈下古和反敗績下子曆反功丨抵掌

上音紙側手日丨丨也擅於上時扇反專也揚擢下音角擧也漆園
上音七莊周為漆園吏傲吏上吾告反恍惚上兄往反下音忽矯俗
上居小反丨譎也詐也矛盾下時尹反兵器也令之謂一是一非曰丨
丨戾零帝反乖也放勛上方罔反下許云反堯名也瞽叟上音古肓
丨頑嚚下音銀愚也胤余鎮反嗣丨也橘倶出反果子名枳音只藥名
愆去乹反丨罪也悛華上音詮丨丨改也挺他頂反珪璋圭章二音
美王之稱也琰琬上以檢反下紆阮反美石名名聞下音問必孱
下助連反天壤下汝兩反地也殞濩上羽敏反下胡郭反千祀下音似年
丨也殷紂下直又反汨水上音覓同前攘而羊反除也曩生上乃
黨反昔也緩胡伴反釁積上許覲反禍也覆巢上芳伏反傾丨也下助交
反丨窠也碎卵下魯短反鳥丨王莽下母朗反篡逆上初患反丨奪也
曝屍上蒲報反陷廁上咸字去聲陂丨也下楚使反坑丨也桀音竭帝名

殄喪上徒典反滅丨也下去聲紂直又反同前倔俛上米忍反下音免丨
丨強爲㒵也弭米耳反丨息也車乘上音居下去聲續玄對反畫也繕
寫上時扇反餌藥上而志反食也罽賓上居例反國名六銖下音袾天
人衣重六銖二十四銖爲一兩國祚下才故反以迄下許訖反至也拯溺
上蒸字上聲丨拔也下奴的反沒丨餘熸下昨鹽反火滅也相煽下音扇又
式然反煨燼上烏回反下徐刃反火之餘也湮滅上音因丨沉也朞月
上居其反周年曰丨也覃思上徒南反脩葺下七入反朝覲下渠鎮反
見也玉諜下音牒丨譜也捨撤下直列反又丑列反沃燋上烏篤反下子
消反勗許玉反丨勸也祇競下居陵反丨丨恭慎㒵舟航下胡剛反禝
卨上音即后丨也下音薛殷祖也逗藥上音豆泯合上米忍反滅也鎧
口改反羸目上郎和反與螺同用或作羸羸皆誤也誚才笑反鍘戟
下居逆反紺寳上古暗反青[illegible][illegible]也玄奘下才朗反闢毗益反開丨也縕

滌二音蕩笛||除也窾天[illegible]傾孫反鑑地上音鑒毫氂下力之反
作氂誤也湛寂上宅減反挹音邑酌也蠢尺尹反細蟲也紛糺上芳文反
下俱有反慨苦愛反|嘆也訛謬上吾和反下苗幼反析理上先擊反分也
詢求上息旬反問也探賾上土含反取也下助責反幽深也馳驟下助
瘦反行疾負篋苦怙反箱|也法玄犬反零光也卉木上許鬼反日草惣名
也斥音尺隄封上音低咫尺上音只八寸日|儲音除積也紕
舛上疋悲反繆也下昌軟反差也濡而朱反沾也瓦礫下音曆軌躅
上俱水反下直欲反||車跡也綜括上子宋反揔也宏遠上惠萌反大也
秘扃下俱營反戶也黔黎上巨兼反黑首民也鍛衽下汝審反衣襟也
神甸下音殿嵩華上息弓反下去聲並山名齠齓上音條童子長髮之
年下昌謹反換齒之歲也足岳上子裕反添也褚亮上丑呂反下力向反徇
詞閏反從也踳駁上尺尹反捷徑上才葉反疾也下古定反路也庚於上

反 邃湛 上私邃反深也下宅減反澄也 睠 音眷顴也 砥途 上音紙丨平
路也 炙輠 上音隻下音果丨者車上盛膏器也或膏盡以火炙之尚有脂潤喻人有
才辯無窮之義 斛鐏 上音衢 渙焉 上音喚 該 古哀反通也 睿旨
上羊歲反聖也 閹茂 上邑鹽反歲在戌曰丨丨 創 楚狀反 月躔 下直連反
日月行度也 緇俗 上側思反黑衣也古之僧服今曰丨是 扣鍾 上苦候反
一、音口 轍 直列反車跡也 僅 渠閻反纔也 迺 音乃 窅乎 上煙曉反 苞

必、交反 徙築 上斯綺反移也下音竹填也 中壤 下汝雨反土也 鱗萃
下才遂反謂如魚鱗而集也 褰霧 上去乾反 暨 其器反及也 分軫 下之
忍反車也 揚鑣 下必苗反馬銜也丨丨馬競行也 曇琛 上徒含反下丑林反
韶茂 上市搖反 秘賾 下助革反同前 咸騁 下丑領反 玄惲 下紆粉反
解詁 上上聲下音古丨訓也 尋覈 下閑革反同前 叅綜 上七含反雜也
下子宋反揔也 掇 丁劣反拾丨也 料簡 上音寮 轀 紆粉反藏也 舟檝

下音接棹也助也攸希上音由所也礫音曆瓦丨琢玉上音卓裨音卑
毀誹下音非又芳尾反謗也諤諤吾各反直言也悃悃苦本反志
誠也斐斐芳微反往來皃濫觴下音傷丨丨泛行酒也微流不斷之義連
鑣下必苗反同前馭音御駕也銓七全反筌蹄上七全反取魚器也下正
作罘捕兎綱也所謂得魚忘筌悟理忘言屏氣上音餅閉也含膠下音交口
不言謂之丨丨侔音牟等也齊也盪滌音蕩笛二除也掉悔上徒吊反心動
負也鋪屏上疋蒲反下音瓶山雉下直里反野鷄也淄澠上側思反
下米展反丨丨二水名湮落上音因丨沉也樞機上尺朱反企望上丘
智反蹴蹋上秋六反下徒盍反壼奧上苦本反宮深奧也明濬下私
閏反銳羊歲反利也昂昂五剛反德高也令語下哲字權衡上巨
員反下戶耕反丨丨秤也平也悱悱芳尾反丨丨口欲言也燠手上音噢
偉麗上羽鬼反美也亭丈滔天上音叨槩日上古愛反平也翳

薈上一計反古烏外反丨丨縈茂也夜隕下羽敏反星墜也緝七反丨
續也頹綱上徒回反憫音敏傷也徇道上詞閏反黎錫上音昺策
也下先擊反丨杖稽疑鷄上音蠹音妬害也洎其器反粹上私遂反
覼縷上郎和反下呂主反秘鍵下音件丨丨弋獵上音射也翼凬
飈下必苗反辯囿下音右苑丨也搆丑知反舒也驤首上息羊反騰躍
也蔓蒨上音萬下千見反東方湖字蔓蒨蔑如上莫結反無也綽如
上倡紡反寬也指斥下音尺駭失上必檢反兩系下胡計反鄙俚
下音里訛愚和誤也廣援下音園引丨也舛昌軟反差也肇音趙始也
紕紊上足悲反謬也下音問乱也狼狽下音貝丨丨乱也疵才斯反病也
掬雪上音菊捧也渤澥上蒲沒反下胡買反丨丨海也金鑰丨丨也
丨鉐也寥廓上郎彫反丨丨聽遠皃殫音丹盡也庇身上甲二反擢
音濁拔丨也勁節上君政反丨丨也捃摭上居運反下音隻丨丨採拾之揖

九疇下直流下 鐏俎上尊下阻二音酒器也 相鼠上去声 埜野字 寂

懷上音救 猥烏每反 霈澤上普盖反 迅發上私閏反疾也 無

暇下音夏閑| 僉七廉皆也 戢羽上阻反戢也 洪 潢洿上音黃下音烏

||積水池也 愚懦下奴臥反 梗槩上加猛反下古愛反||大略也

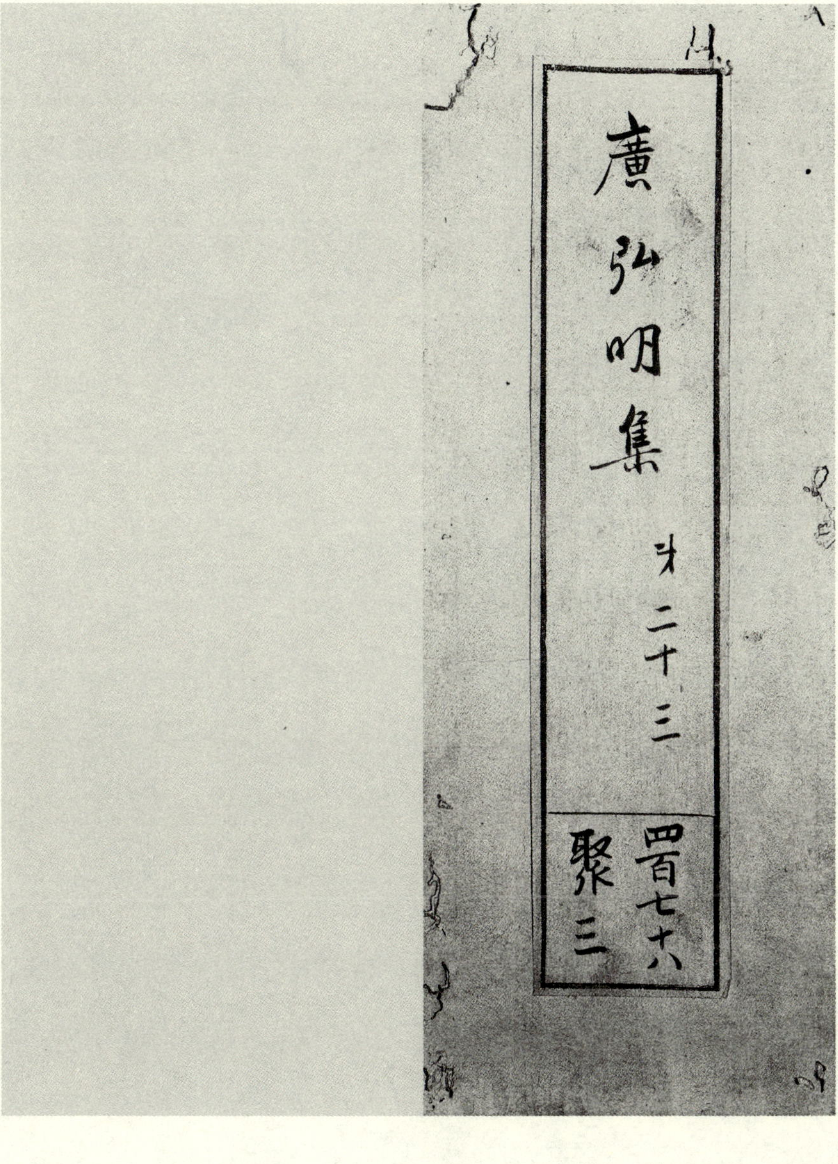
廣弘明集
第二十三
四百七十六
聚三

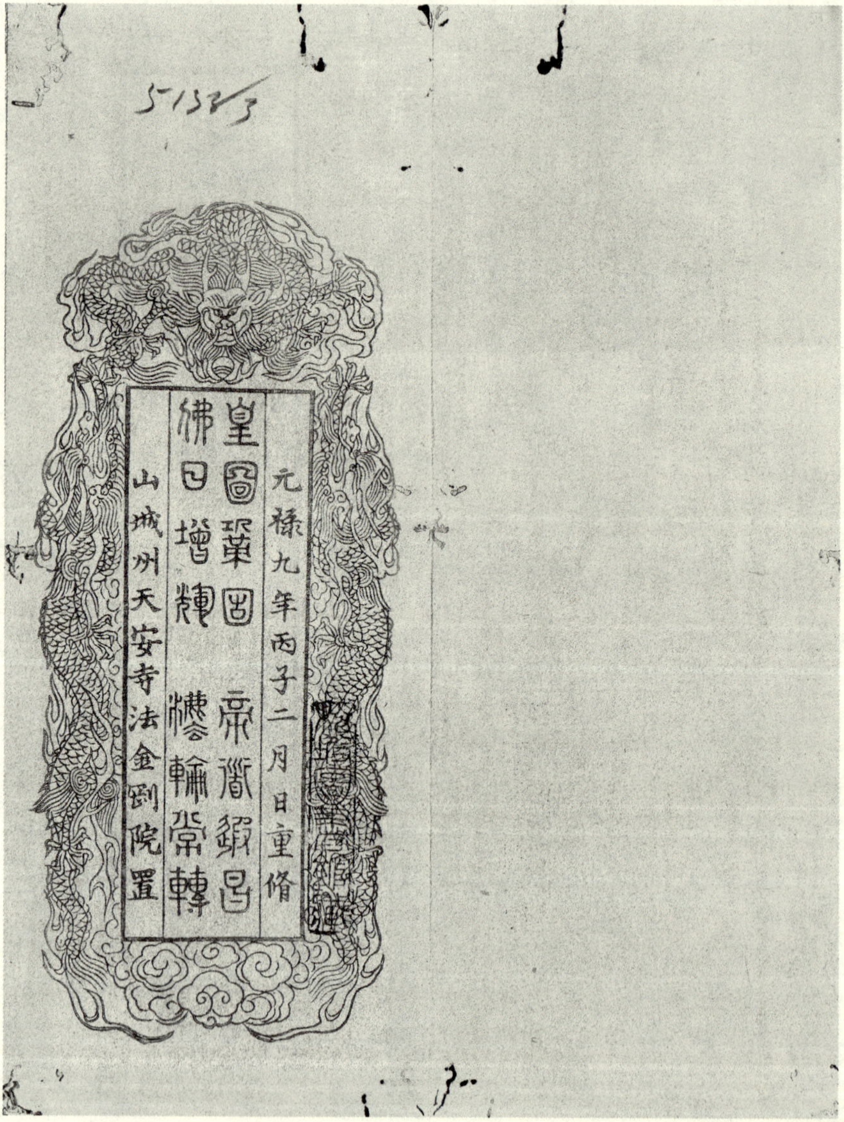
元祿九年丙子二月日重脩
皇圖鞏固　帝道遐昌
佛日增輝　法輪常轉
山城州天安寺法金剛院置

廣弘明集卷第二十三　聚

大唐西明寺釋　道宣集

僧行篇第五

序曰夫論僧者六和爲體謂戒見利及三業也是以道洽幽明德通賢聖開物成務則福被人天導解律儀則化垂空有並由式敬六和揚明三寶内蕩四魔之弊外傾八慢之幢遂使三千國内咸稟僧規六萬遐年俱遵聲教非僧弘御孰振斯哉然則道涉窊隆岨百六之陽九塵隨信毁壞利用之安危通人不滯其開抑鄙夫有阻於時頌故使衆雜邪正布逼引之康莊心包明昧顯登機之衢術是

知滿願之侶秉小道而攝生天熱之倫寄邪
徒而化物擊揚覈於適道弭喻在於權謀未
俟威容唯存離著若斯言之備則通於理行
者也或不達者妄起異端若見左行謬僻濫
罔弥甚莫思己之煩惑專憚彼之乖儀於即
靁同荷冐坑殘夷滅下凡之例抱怨酷而消
亡上聖之徒悼凶勃之安忍自古君人之帝
般鑒興亡之經開吞舟之宏網布容養之寬
政闡仁風於寓內坐致太平弘出處之成規
饗兹大賚餘則察察糺舉背烹鮮之格言收
羅咎失挹疑脂之密令及後禍作殃扇隄防
莫開掩泣問隅斯須糜潰爲天下之所笑也

故集諸政績布露賢明或抗詔而立讜言或興論以詳正議或褒仰而崇高尚或銜哀而暢誄詞茲道可尋備于後列

梁弘明集僧行揔目

支道林與桓玄書論僧籍
鄭道子書論踞食
范伯倫書論踞食
范伯倫表論踞食詔并荅
釋慧義荅范伯倫書并荅
范伯倫與生觀二法師書
後秦主令恒標二師罷道詔并荅
羅什與秦主書論恒罷道事
釋慧遠荅桓玄令返俗書并荅
釋僧巖荅劉公不還俗書
釋道盛啓齊武論沙汰事
唐廣弘明集僧行篇揔目

東晉丘道護支曇諦誄并序
後秦釋肇羅什誄并序
宋釋慧琳釋法綱誄并序
宋釋慧琳竺道生誄
宋謝靈運釋曇隆誄
宋謝靈運釋慧遠誄
宋張暢若耶山釋法敬誄
南齊釋慧林釋玄運誄
南齊律師釋智稱誄
南齊虞羲景法師行狀
梁沈約淨秀尼行狀
宋孝武沙汰僧徒詔

元魏孝文褒崇諸僧詔七首

南齊沈休文述中食論

沈休文述僧會食論

北齊文宣沙汰僧議詔 并荅

梁簡文吊道澄法師亡書

梁晉安王與所部僧正教

梁王筠與東陽盛法師書

梁釋智林與汝南周顒書

梁劉孝標與舉法師書

梁王曼頴與皎法師書 并荅

梁劉之遴弔震法師亡書

梁劉之遴弔震兄李敬朏書

梁劉孝標金華山山栖志
梁劉之遴弔京僧正亡書
陳釋眞觀與徐僕射書
陳徐陵諫仁山深法師罷道書
周釋曇積諫武帝上沙汰表
戴逵貽仙城慧命禪師書
幽林沙門釋慧命酬書比齊戴先生
隋内史薛道衡弔延法師亡書
隋釋彦琮福田論
唐高祖問僧出家損益詔 并荅
唐高祖出沙汰佛道詔
唐太宗令道士在僧前詔 并表

今上令議沙門敬三大詔

并百官駮議表啓狀等及詔所親表啓

論等

唐廣弘明集僧行篇第五之初

諸僧誄行狀

支曇諦　竺羅什　釋法綱

竺道生　釋曇隆　釋慧遠

釋玄敬　釋玄運　釋智稱

釋玄景　釋淨秀

道士支曇諦誄并序　東晉丘道護

晉義熙七年五月某日道士支曇諦卒春秋

六十有五嗚呼哀哉法師肇胤西域本出康

居因族以國氏既伏膺師訓乃從法姓支從
于吴興郡烏程縣都鄉千秋里資金商之貞
氣藉陽育之韶律曽遐方而誕秀協川岳而
稟神識情湛粹風宇明肅道致表於天朞德
範彰於素器貞悟獨拔群異不足以動其心
至誠深固衆論莫能干其執是以超塵絶詣
慧旨發於弱齡研微耽玄明道昭於歲暮故
能振靈風於神境演妙化於季葉嗣清徽於
前哲穆道俗而歸懷焉遊涉衆方敷揚大業
妙尋幽賾清言析微加善屬文辭識賞希流
固已諧契風勝領冠一時矣公之中年爰乃
慨以城傍難置幽居爲節且山水之性素好

自然靜外之默體自天心於是謝緣人封遁迹巖壑乃考室于吳興郡故鄣之崐山味道崇化二十餘載其栖業所弘可以洗心滌垢筌象之美足以窮興永年於是睎宗歸仁者自群方而集欽風懷趣者不遠而叩津焉于時時望英豪多延請齋講公虛心應物不背以動止介懷推誠述義未始以道俗殊致其中抱一之德又遐迩所推方將灑拂玄路紐維頹風超外妙梯擬徹玄蹤惜乎不永遘疾而終識者深云亡之痛攸情感惟良之悲蓋無爵而貴生榮死哀者其此之謂矣雖至理冥一存亡定於形初玄識妙照骸器同於朽

壞然而關情期於欣感之境未泯乎離會之心者亦何能不以失得爲悲喜臨長歧而悽懷哉苟冥廢之難體寄筌翰以懷風援弱毫而舒情播清暉乎無窮乃作誄曰

綿綿終古　曖曖玄路　妙緣莫叩　長寐靡寤
生滅紛紜　動息殊至　相驅百曲　季葉弥蠹
永溺塵勞　孰知其故　至人乘運　靈覺中肇
未覩滄流　井蛙無小　大明融朗　幽夜乃曉
滅有歸空　除闇即曒　道洽無方　仁被禽鳥
昧者靡遺　識者弥了　超哉法師　道性自然
一心絕俗　祇誠重玄　研微神鋒　妙悟無間
塵之所著　在至斯捐　累之所引　秉之弥堅

擺落塵羈　振拖靈淵　遼遼清雅　肅肅貞韻
汪汪其沖　亹亹其進　和而有慨　異而不峻
停心獨得　標想千仞　虛以應物　無來不順
汎遊弘化　振響揚暉　開道玄肆　肇闢靈扉
位制冥極　剖析幽微　忘懷善挹　穆然靡違
會通群方　揔之所歸　遐抗頹綱　闡固法闈
緒此妙慧　乃播神威　幽境湛默　人肆諠引
開邃易一　華紛難泯　公乃慨然　中駕潛軫
卜居川巖　搆室林巘　擯拭外緣　潛精內敏
靡筌不服　無微不盡　蔚矣崑嶺　崗阜丘墟
連峯雲秀　迴壑迂餘　庭蔭蕭條　階繞清渠
翳然其遠　肅尒其虛　眇眇玄風　愔愔僧徒

味道閑室　寂焉神居　心隨道親　情與俗踈
道固無孤　德必有隣　淵清引駃　葉勝懷人
睎風宗玄　自遠來賓　亦有襟期　時來問津
湛湛先窮　月日王神　林壤有謝　道心常新
聖逝言絶　賢表義乖　翳翳末運　玄化將頽
澹矣夫子　道俗歸懷　庶享遐年　振此落維
如何不弔　棄世永辭　儀景長歸　逝矣不追
有識深慟　含情同悲　嗚呼哀哉　推著綢繆
驟淹信宿　閑宴清宇　藉卉幽谷　或濯素瀨
爰憩翠竹　屢興名辰　汎觴掇菊　梨柚薦甘
蒲筍爲蔌　賦詩詠言　怡然偕足　眷懷茲遊
想之在目　傷哉斯遇　千載無復　踐舊霑襟

瞻憒悲哭。嗚呼哀哉。有必之無，始則歸卒。達人妙觀，千齡一日。昧者或應，横爲凶吉。邈矣法師，夙反玄室。累劫之勤，不速而疾。庶藉冥緣，終會靈術。妙斤弗運，寔深喪質。情在未冥，悵爲自失。寄懷毫素，微風載述。嗚呼哀哉。

鳩摩羅什法師誄并序　　釋僧肇

夫道不自弘，弘必由人。俗不自覺，覺必待匠。待匠故世有高悟之期，由人故道有小成之運。運在小成，則靈津輟流；期在高悟，則玄鋒可詣。然能仁曠世，期將千載。時師邪心，是非競起。故使靈規潛逝，徽緒殆亂。爰有什法師者蓋先覺之遺嗣也凝思大方馳懷高觀審釋道之陵遲悼蒼生之窮藹故乃奮迅神儀寓形季俗繼承洪緒爲時城塹世之安寢則覺以大音時將晝昏乃朗以慧日思結頹綱於道消緝落緒於窮運故乘時以會錯枉以正一扣則時無互鄉再擊則嵔㠥歸仁于斯時也羊鹿之駕摧輪六師之車覆轍二想之玄既明一乘之奧亦顯是以端坐嶺東響馳八極恬愉弘訓而九流思順故大秦符姚二天王師旅以延之斯二王也心遊大覺之門形鎮萬化之上外揚羲和之風內盛弘法之術道契神交屈爲形授公以宗匠不重則其

道不尊故蘊懷神寶感而後動自公形應秦
川若燭龍之曜神光恢廓大宗若曦和之出
扶桑融冶常道盡重玄之妙開邪悟俗窮名
教之美言既適時理有圓會故辯不徒興道
不虛唱斯乃法鼓重震於閻浮梵輪再轉於
天北矣自非位超修成體精百練行藏應時
其孰契於茲乎以要言之其爲弘也隆於春
陽其除患也厲於秋霜故巍巍乎蕩蕩乎無
邊之高韻然隘運幽興若人云暮癸丑之年
年七十四月十三日薨乎大寺嗚呼哀哉道
匠西傾靈軸東摧朝曦落曜寶岳崩頹六合
晝昏迷駕九迴神關重閉三途競開夜光可

惜盲子可哀罔極之感人百其懷乃爲誄曰
先覺登霞靈風緬邈通仙潛凝應眞沖漠
叢叢九流是非競作悠悠盲子神根沉溺
時無指南誰識冥度大人遠覺幽懷獨悟
恬沖靜默抱此玄素應期乘運翔翼天路
既曰應運宜當時望受生乘利形標奇相
襁褓俊遠髫齔逸量思不再經悟不待匠
投足八道遊神三向玄根挺秀宏音遠唱
又以抗節忽棄榮俗從容道門尊尚素朴
有典斯尋有妙斯録弘無自替宗無擬族
霜結如冰神安如岳外跡弥高内朗弥足
恢恢高韻可模可因愔愔沖懷惟妙惟眞

靜以通玄動以應人言爲世寶默爲時珎
華風既立三教亦賓誰謂道消玄化方新
自公之覺道無不弘靈風遐扇逸響高騰
廓茲大方然斯慧燈道音始唱俗網以崩
癡根弥拔上善弥增人之寓俗其途無方
統斯群有紐茲頹綱順以四恩降以慧霜
如彼維摩迹參城坊形雖圓應神沖帝鄉
來教雖妙何足以臧偉哉大人振隆圓德
標此名相顯彼沖默通以衆妙約以玄則
方隆般若以應天北如何運邅幽里宜尅
天路誰通三途誰塞嗚呼哀哉至人無爲
而無不爲擁網遐籠長羅遠羈純恩下鈞

容旅上擒 恂恂善誘 肅肅風馳 道能易俗
化能時移 柰何昊天 摧此靈規 至眞既往
一道莫施 天人哀泣 悲慟靈祇 嗚呼哀哉
公之云亡 時唯百六 道匠韜斤 梵輪摧軸
朝陽頽景 瓊岳顛覆 宇宙晝昏 時喪道目
哀哀蒼生 誰撫誰育 普天悲感 我增摧衄
嗚呼哀哉 昔吾一時 曾遊仁川 遵其餘波
纂承虛玄 用之無窮 鑽之弥堅 躍日絕塵
思加數年 微情未叙 已隨化遷 如可贖兮
貿之以千 時無可待 命無可延 惟身惟人
靡憑靡緣 馳懷罔極 情悲昊天 嗚呼哀哉

武丘法綱法師誄 宋釋慧琳

元嘉十一年冬十一月辛未法綱法師卒嗚
呼哀哉夫峭立方嶠既傷於通任畢隨圓比
又虧於剛潔山居恊枯槁之弊邑止來囂湫
之患酌二情而簡雙事者法師其有焉少遊
華京長栖幽麓樂志入出秉情去來遺猒人
流就閑於木石鬱寂丘壑求歡於物類人以
爲無持操我見其師誠矣天性膚敏陶漸風
味從容情理賞託文義交遊敦亮盡之昇進
趣慕復外之道埋身法服朱纓之累早絕抗
趾神疆丹墀之閡夙判況乃桑門矯拂之跡
從倚伏之數者哉昔因邂逅傾蓋著交同以
翦落夷契群萃布懷舒憤以寄當年遂攜手

遊梁比翼棲鄧餐風靈岫挹道玄律比樂齊
譏千載一時自林傾鳥散奄忽盈紀予薄髙柯
予論泥滓常冀曽卜索居之遇遂成梁髙山
海之别東瀾弗復西景莫收致盡川征歸骨
曽丘嗚呼哀哉誄曰
厥族氏殷寔湯之裔榮聲中微源流昭晰少
遭閔凶宗無緫繐慈姑經營託是養衞爰逮
三五聰韻特挺雙竒比秀偶羅齊穎志陋中
區思擢神境脫落生近耽慕緣永旣遵玄轍
洞曉名迹仁義之外通非所惜室欲靡遂生
以會適弗依朱扇考卜巖壁來不濡足去不
絶翮頡頏升萃進退損益予惡浮波尒能即

心俱翔道澤同集德林齊拂和風共聆玄音
自宮祖國在目在襟往化綿邈遺思沉吟亦
旣離遯天道明晰尒出舊山子反遐裔庶乘
和運同蔭共憩寒灰弗烟落葉離綴睽顧莫
從子遂下世人之云亡風懷掩翳嗚呼哀哉
玄冬凄列江滸蕭條寒風颷慕飛霰入般金
有近止歸途尚遥憫憫即盡寂寂哀號孤旅
如薄均化無褒嗚呼哀哉懷遊居之虎丘悼
冥滅之廬嶺惟採録於中京念提攜於番境
情飄飖於雙巒思纏綿於兩省何綢繆兮無
極心所存兮腷臆闊嚴冬兮已謝藉隆暑兮
旣息四運紛其邅迴情期宵以長匿苟來緣

之匪亡卷生年以增惻嗚呼哀哉

龍光寺竺道生法師誄　　宋釋慧琳

元嘉十一年冬十月庚子道生法師卒於廬山嗚呼哀哉善人告盡追酸者無淺含理去滅如惜者又深法師本姓魏氏彭城人也父廣戚縣令幼而奇之攜就法汰法師改服從業天資聰茂思悟夙挺志學之年便登講座于時望道才僧著名之士莫不窮辭挫慮服其精致魯連之屈田巴項託之抗孔叟殆不過矣加以性靜而剛烈氣諧而易遵喜捨以接誘故物益重焉中年遊學廣搜異聞自楊徂秦登廬躡霍羅什大乘之趣提婆小道之

要咸暢斯旨究舉其奥所聞曰優所見踰賾旣而悟曰象者理之所假執象則迷理教者化之所因束教則愚化是以徵名責實惑於虛誕求心應事芒昧格言自胡相傳中華承學未有能出斯誠者矣乃收迷獨運存履遺迹於是衆經雲披群疑冰釋釋迦之旨淡然可尋珍怪之辭皆成通論聃周之伸名教秀彌之領玄心於此爲易矣物忌光穎人疵貞越怨結同服好折群遊遂垂翼斂趾銷影巖穴遵晦至道投跡愚公登舟之迹有往無歸命盡山麓悲興褱纖嗚呼哀哉

泗汴之清呂梁之峻唯是淑靈育此明俊如

草之蘭如石之瑾匪曰薰彫成此芳絢爰初
志學服膺玄跡經耳了心披文調策弱而登
講靡章不析善以約言弗尚辭憒有識欽承
厭是鈎賾中年稽教理洗未盡用是遊方求
諸淵隱雖遇殊聞弥覺同近途窮無歸迴轅
改軫芟夷名跡闡揚事表何壅不流何晦不
曉若出朝離其明昭昭四果十住藉以汲矯
易之牛馬莊之魚鳥孰徵斯實弗迷斯道淹
留茲悟告予晦言道誠在斯群聽咸播不獨
抵峙誚毀多聞予謂無害歡是宣傳識協貞
誠見誨浮諠黙蔭去大弨此騰口增栖成英
夐逸篁藪遁思泉源無闋川阜庶乘閑託曰

仁者壽命也有懸曾不永乆蘭蓀連類氣傷
于偶鳴呼哀哉爰念初離三秋告暮風肅流
清雲高林素送别南浦交手分路茫茫去止
悽悽情顧孰在隱倫各從泓泝愁是長乖異
成永互鳴呼哀哉遡來風之絶響送行雲之
莫因緬三冬其已謝轉獻歲於此春聽陽禽
之悅豫矚神氣之氤氲念庠序於兹月信習
業之嘉辰隱講堂之空覿惻高座之虚闈歎
因事以矜理悲緣情以懷人鳴呼哀哉天道
茫昧信順可推理不湮滅庶或同歸申夭可
略情念可遺短章無布聊以寫悲鳴呼哀哉

曇隆法師誄　謝靈運

夫恊理置論百家未見其是因心自了一巳不患其躓而終莫相辯我若咸歎翻淪得拔竟知于誰冀行跡立則善惡靡徵欲聲名傳則薰蕕同歇然意非身之所挫期出命之所限者目所親覿見之若人矣慧心朗識發於髫辮生自禀華家贏金帛加以巧乘騎解絲竹沬絶景於康衢弄絃管於華肆者非徒經旬涉朔弥歷年稔而巳諒趙李之咸陽程鄭之臨卬矣既而永夜獨悟中歔興歎曰悲夫欣厭迭來終歸憂苦不杜其根於何超絶且三界迴沉諸天倏瞬況齊景牛山趙武企陰催促節物逼迫霜露推此願言伊何能久慨

然有擯落榮華兼濟物我之志母氏矜其心姊弟伸其懷遂相許諾出家求道一身旣然闔門離世妻子長絶歡娱永謝豈唯向之靡樂判之盛年終古恩愛於今俄別矣旅舟南遡投景廬岳一登石門香鑪峯六年不下嶺僧衆不堪其深法師不改其節援物之念不以幽居自抗同學嬰疾振錫萬里相救余時謝病東山承風遥羨豈望人期頗以山招法師至止鄙人榮役前詩叙粗已記之故不重煩及中間反山成説款盡遂獲接棟重崖俱挹迴澗茹芝术而共餌披法言而同卷者冉歷寒暑非直山陽靡喜愠之容令尹一進已

之色實明悟幽微袪滌近滯蕩忞澡垢日忘其疾厖白首同居而乖離無象信順莫歸徵集何緣晚節羅疊遠見參尋至止阻闊音塵殆絶值暑薙疾未旬即化誠存亡命也此行頗實有由承凶感痛寔百常情紙墨幾時非以斯名蓋欽志節追深平生自不能默已故投懷援筆其辭曰

仰尋形識俯探理類採聲知律按茅覩彙物以靈異人以智貴即是神明觀鑒意謂爰初在稚慧心夙察吐嗡芳華懷抱日月如彼蘭苑風過氣越如彼天倪雲披光發求名約身規操束己儻或愚世曾未近似生以意奉意

管生理孰是歡慰程鄭趙李家畜金繒才練藝技驤首揮霍繁絃綺靡酒娛調促意妍服俊朝迫景曛夕忌星徙悠悠白日淒淒良夜年往歡流厭來情含苦樂環迴終卒代謝棄而更適生速名借誰能易奪何術推移精粗渾濟善惡參差即心有限在理莫規試覆衆肆庶獲所窺道家蹟近群流缺遠假名恒誰傍義豈反獨有兼忘因心則善傷物沉迷羨彼驅遣變服京師振錫廬頂長別榮冀永息幽嶺舍華襲素去繁就省人苦其難子取其靜昏之視明即愚成絕智之秉情對理斯涅叅旣弗祛滯亦安拔子之矜之爲尒苦節節苦

在已利貞存彼以明闇逝以慈累徙欲以援物先宜濟此發軫情違終然理是梁鴻攜妻荷蓧見子雞黍接人行歌通已於世曰高於道殊鄙始見法師獨絶神理形壽易盡然諾難判秉心即化棄身靡歎懷道弥厲景命已晏矜物辭山終息旅館嗚呼哀哉魂氣隨之延陵已了鳶螻同施漆園所曉委骸空野豈異豈矯幸有遺餘聊給蟲鳥嗚呼哀哉緬念生平同幽共深相率經始偕是登臨開石通澗剔柯踈林遠眺重疊近屬嶇嶔事寡地閑尋微探賾何句不研奚疑弗析帙舒軸卷藏拔紙襞問來答往俾日餘夕沮溺耦耕夷

齊共薇跡同心歡事異意違承疾懷灼聞凶
懣悲孰云不痛零淚霑衣嗚呼哀哉行久節
移地邊氣改終秋中冬踰桂投海永念伊人
思深情倍俯謝常人仰愧無待嗚呼哀哉

廬山慧遠法師誄　　謝靈運

道存一致故異代同暉德合理妙故殊方齊
致昔釋安公振玄風於關右法師嗣沫流于江
左聞風而悅四海同歸尒乃懷仁山林隱居
求志於是衆僧雲集勤修淨行同法餐風栖
遟道門可謂五百之季仰紹舍衛之風廬山
之嵎俯傳靈鷲之旨洋洋乎未曾聞也予志
學之年希門人之末惜哉誠願弗遂永違此

廿春秋八十有四義熙十三年秋八月六日
薨年踰縱心功遂身亡有始斯終千載垂光
嗚呼哀哉乃爲誄曰
於昔安公　道風允被　大法將盡　頹綱是寄
體靜息動　懷眞整僞　事師以孝　養徒以義
仰弘如來　宣揚法雨　俯授法師　威儀允舉
學不闚牖　鑒不出戶　粳粮雖御　獨爲長楚
朗朗高堂　肅肅法庭　既嚴既靜　愈高愈清
從容音旨　優游儀形　廣演慈悲　饒益衆生
堂堂其器　亹亹其資　總角味道　辭親隨師
供養三寶　析微辨疑　盛化濟濟　仁德怡怡
於焉問道　四海承風　有心載馳　戒德鞠躬

令聲續振 五濁暫隆 弘道讚揚 弥虛弥沖
十六王子 孺童先覺 公之出家 年未志學
如彼鄧林 甘露潤澤 如彼瓊瑤 既磨既琢
大宗戾止 座衆龍集 聿來胥宇 靈寺奚立
舊望研機 新學時習 公之勗之 載和載輯
乃修什公 宗望交泰 乃延禪衆 親承三昧
衆美合流 可上可大 穆穆道德 超於利害
六合俱否 山崩海竭 日月沉暉 三光寢晰
衆麓摧柯 連波中結 鴻化垂緒 微風永滅
嗚呼哀哉 生盡沖素 死增傷悽 單縈土槨
示同斂骸 人天感悴 帝釋慟懷 習習遺風
依依餘凄 悲夫法師 終然是栖 室無停響

途有廣蹊嗚呼哀哉端木喪尼哀直六年
仰慕洙泗俯憚罤筌今子門徒實同斯艱
晨掃虛房夕泣空山嗚呼法師何時復還
風嘯竹栢雲靄巖峯川壑如泣山林改容
自昔聞風志願歸依山川路邈心往形違
始終銜恨宿緣輕微安養有寄閻浮無希
嗚呼哀哉

若耶山敬法師誄并序　宋張暢

夫待物而遊致用生外道來自我懷抱以歡
故晦實停璞導兼車以出魏鸞逸雲緒豈增
軒以入衛是以士之傲俗尚孤其道幽居之
民無悶高獨吾每宣書夙流照爛故已跂予

感詠身心不足若乃沖獨之韻少歲已高絶
嶺之氣早志能遠初憩鷲廬山年始勝髮緬
邈之志直已千里乃求剃形就道忘家入法
時沙門釋慧遠雖高其甚高以其尚幼未之
許也遂乃登絶澗首太陽臨虚投地之險以
身易志法師乃奇而納焉曾翔華胤業集素
履勁露未嚴先風苦節同學不勝其勞若人
不改其操于時經藏始東肄業華右遂扣途
萬里屢遊函洛定慧相曉致用日微羅什既
亡遠公沉世乃還迹塞門屏居窮岫其不出
意若耶之山者於茲二十餘年矣余叔謝病
歸身唯風停想法師秉感來遊積席談晏清

謝竟言不别而别故已默語交達而動静虚
貞矣徵士戴顒秀調宜簡神居共逸風理交
融乃倚岫成軒停林啓館即此人外因心會
友西河方浪東山已隤風雲既盡草木餘哀
心之憂矣淚合無開嗚呼哀哉乃爲誄曰
在尚上王 歌鳳伊洛 逸路翔雲 高軒鳴鶴
靈源世流 幽人代作 歸來之子 跨古逢運
結轍承風 遵途襲問 緯玉則温 經金斯振
歲學兩幼 年盈數始 令德既軒 其秀唯起
鋒穎萬代 風標千里 情愛相輕 家國如草
達矣哲人 獨肆玄實 摠駕七覺 飛鞍八道
三江多静 湛勝廬山 地去萬物 軌迹停玄

遼遼清慧 結宇承煙 前驅群有 首路人天
吾生製融 集彼清風 棊流善會 情疎妙同
白日春上 素月秋中 方寸無底 六合可窮
卓彼羅什 三界特秀 真俗冠冕 神道領袖
若人對響 承車即轍 沙漠織寒 長風負雪
投袂氷霜 攬裾暮節 誰斯問津 悠焉在哲
莊衿老帶 孔思周懷 百時如一 京載獨開
匈地既滿 願惟糟醜 移此無生 悽居樹席
妙入環中 道出形上 所謂伊人 玄途獨亮
智虛于情 照實其相 生住無住 異壞相尋
羅什就古 慧遠去今 匠石何運 伯牙罷音
般憂逃遁 昔還尒心 東巖解迹 削景若耶

早帳風首春席雲阿 流庭結草 復渚含波
月軒東秀日落西華 情步不辭 寢興高絕
白雲臨操清風練節 經綸五道 提衡六趣
四諦歸想 三乘摠路 生滅在法 諸行難常
哲人薪盡 舊火移光 白日投晦 中春起霜
嗚呼哀哉 昔余丸髮 早讌清襟 送志非歲
迎韻者心 家貧親老 耕而弗飽 就檄追歡
身素孤夭 旣隔于形 徒通以道 自我從病
高榭東山 明月途靜 白雲路開 承松吐嘯
風上舒言 咨予戴侯 夙居涼峻 佇舘伊人
流心酌韻 如何高期 隔成幽顯 五絃喪弄
三觴誰餞 嗚呼哀哉 山泉同罷 松竹哀涼

秋朝霜露寒夜嚴長嗚呼哀哉 孤猨將思旅鴈聲時廣開性品無情者誰 連臺成草比館唯悲存亡既代物色長衰 嗚呼哀哉蒼生失御萬物無歸 陰奕就夜重陽頓暉嗚呼哀哉伊四望之茫茫愴予心之悄悄雖淚至之有端固憂來其無兆隱於靳反長思以歡悲諒從橫於言表嗚呼哀哉

新安寺釋玄運法師誄并序　南齊釋慧琳

維建武四年五月八日甲午沙門玄運右卧不興神去危城嗚呼哀哉法師本譙邦右族寓于燉煌幼稟端明仁和之性長樹弘懿沖閑之德眞粹天挺夙鑒道勝乃遺擯俗纓超

出塵礙濯景玄津栖習法道率由儀律之絶精學體微之妙潛仁晦名之行散畜忘相之施無得而稱者日夜而茂焉敷說架乎當時理思冠乎中世鑽仰之徒自遠而來虛至實歸遍于轍跡帝后儲貳之尊蕃英鼎宰之重莫不揖道宗師瞻猷結敬而宏量邃奧不以貴賤殊其顧眄夷整淵深不以寒暑品其懷抱所以捴綜像末崇振頹流者法師其人矣啓訓之緣有限負手之歌會終風火告徵愈恬明於危識靈聖滅現屢恭悅於告漸春秋六十九嗚呼哀哉外稟哽識內諮慟魂慕題往迹行寔浮言迺作誄曰

世滯悠曠苦海遐長欲善修捲愛網宏張法
燈不曜慧日霾光朽宅燔仆炎火浮揚二儀
構毀筭其有歲三轉廓遼空劫誰計從冥詎
曉淪川莫濟接踵既踈寔資命世日誕明哲
降靈自緣涵徽蘊器有表孩年神機幼徹凝
鑒早宣猶玉初瑩若珠啓泉齔厭塵濁超悟
玄微訣捨愚縛澄翦情遷齠年植節丱歲從
師承規檢敬肅範儀威秉躬淳潔淑慎心行
學辨秘源問窮理賾前隱用昭往疑斯鏡匠
佚功倍思高業盛爰洎中歲緯奧宏廣輪演
法空雲滌日朗乘衢若夷擁開似敞悠悠品
類式是宗仰右河振聞左江漂秀聲因德宣

稱緣道富提舜詢求悅懌研授仁厚猶地志高如岫輟餐赴歎捨纊矜寒蓄無停日財以施單寧賤傲色匪貴愉顏湛茲懿慶均彼籍蘭教之所洽晦識斯明智之所誘務以心成接昏茂貨撫迷諒情憑微請要莫不咸亨險路恒遠開引有極生滅相揮念念匪息徂年寡留西光遽逼雲變豈停將運淨域嗚呼哀哉體深病苦慮達四疾針石醫巫分劑貶失端情法旅正想慈律不捨界勤誓拯群物嗚呼哀哉合既終離假會應謝同悲素林寂然中夜談人勗善瞻天儼駕即彼紺宮去此塵舍嗚呼哀哉絕微言於永沒毀舟航於遐澨

族崇臺之嚴華蕪峻堂之雕麗捨形有其若
遺遷情靈其何界資訓仰兮眷徒空血淚兮
感逝嗚呼哀哉

南齊安樂寺律師智稱法師碑并序

裴子野

法師諱智稱河東聞喜人也俗姓裴氏挹汾
澮之清源稟河山之秀質蓄靈因於上葉感
慧性於閻浮直哉惟清爰初夙備溫良恭儉
體以得之然而天韻真確含章隱曜沉漸人
群莫能測其遠邇蓋由徑寸之華韜光濬壑
盈尺之寶未剖聯城鑒觀者罔識其巨麗遯
聽者弗得其鴻名羈束戎旅俛起阡陌年登

三十始覽衆經退而歎曰百年倏忽功名爲
重名不常居功難與畢且吉凶悔吝孔書已
驗變化起伏歷聖未稱安知崢嶸之外寥廓
之表籠括幽顯大援無邊者哉彼有師焉吾
知歸矣遂乃長揖五刃毀袵四依挫銳解紛
於是乎盡宋大明中益部有印禪師者苦節
洞觀鬱爲帝師上人聞風自託一面盡禮印
公言歸庸蜀乃攜手同舟以宋太始元年出
家於王壘誠感人天信貫金石直心般若高
步道場既而敬業承師就賢辦志遨遊九部
馳騁三乘摩羅之所宣譯龍王之所韜秘雖
且受持諷誦然未取以爲宗常謂攝心者迹

迹密則心檢弘道者行行察則道存安上治
人莫先乎禮閑邪遷善莫尚乎律可以驅車
火宅翻飛苦海瞻三途而勿踐歷萬劫而不
衰者其毗尼之謂歟乃簡棄枝葉積思根本
頓轡洗心以爲己任於是曳錫踽步千里遊
學擁經持鉢百舍不休西望荆山南過澧浦
周流華夏博採奇聞土木形骸瓏琰心識靡
高不仰無堅不攻寢之所安席不及煖思之
所至食不遑餐入道三年從師四講教逸功
倍而業盛經明每稱道不墜地人各有美宣
尼之學何詎常師于時具隱二上人先輩高
流鳳鳴西楚多寶穎律師洽聞温故翰起東

都法師之在江陵也禀具隱爲周旋爰及還京洛以穎公爲益友皆權衡殿最言刈菁華捨稊稗而膳稻粱會鹽梅而成鼎飪其理練其旨深膚受末學莫能踵武以泰始六年初講十誦於震澤闡揚事相咫尺神道高談出雲漢精義入無間八萬威儀怡然理暢五部章句渙尒同波由是後進知宗先達改觀暉光令問於斯籍甚法師應不擇方行有餘力清言終日而事在其中立栖雲於具區營延祚於建業令不待嚴房櫳肅靜役不加迅棟宇騈羅自方等來儀變梵爲漢鴻才鉅學連軸比肩法華維摩之宗往往間出涅槃成實之

唱覤覤聚徒而律藏憲章於時最寡振裘持領允屬當仁若夫淵源浩汗故老之所迴惑峻阻隱復前修之所解駕皆剖析毫氂粉散膠結鉤深致遠獨悟胷懷故能使反戶之南彎弓之北尋聲赴響萬里而至門人歲益經緯日新坐高堂而延四衆轉法輪而朝同業者二十有餘載君子謂此道於是乎中興絶慶弔屏流俗朱門華屋靡所經過齊竟陵文宣王顧輕千乘虚心八解甞請法師講於邸寺既許以降德或謂宜修賓主法師笑而答曰我則未暇及正位函丈始交涼燠時法筵廣置髦士如林主譽既馳客多容猛發題命

篇疑難鋒出法師應變如響若不留聽圓辯者土崩負強者折角莫不遷延徙靡亡本失支觀聽之流稱為盛集法師性本剛克而能悦以待問發言盈庭曾無忤色虛已博約咸竭厥才依止踈附訓之如一少壯居家孝于惟友脱屣四攝愛著兩忘親黨書命封而不發内怨哀感抑而不臨常曰道俗異故優陁親承音旨寧習其言而忽其教煩惱喣濡晝然頓遣法師之於十誦也始自吴興迄于建業四十有餘講撰義記八篇約言示制學者傳述以為妙絶古今春秋七十有二齊永元三年遷神于建康縣之安樂寺僧尼般赴若

喪昆姊諒不言之信不召之感者云若夫居敬行簡喜慍不形於色知人善誘甄藻罔遺於時臨財廉取予義明允方大處變不渝汪汪焉堂堂焉勃碣河華不能充其量蓋淨行之儀表息心之軌則歟弟子道進等感梁木之既摧慟德音之永閟俾陳信而有徵庶流芳而無愧

廬山香爐峯寺景法師行狀

虞羲

法師諱僧景本姓歐陽衡陽湘鄉人也資無始之良因得今生之遠悟黃中通理幼而自然好誦經善持操行止有方身口無擇十歲而孤事母盡孝母為請室良家非其好也辭

不獲命弱冠以世役見羈于時驌馬生郊羽檄日至躬擐甲冑跋履山川且十年矣雖外當艱棘而内結慈悲故未離人群巳具息心之行後行經彭蠡見廬岳而悦之於是有終焉之志復反湘川稍棄身非所味道忘食日一菜蔬後得出壘門便離妻室忽夢廬山之神稽首致敬曰廬山維岳峻極于天是曰三宫壁立萬仞欲屈眞人居之眞人若不見從則此山永廢矣又夢受請而行至香爐峯石門頂見銀閣金樓丹泉碧樹崢嶸刻削希世而有於是雞鳴屆旦便飄尒晨征于時江陵僧徒多有行業或告法師曰荆州法事大盛

乃因此東柚自夏首西浮遇僧淨道人深解禪定乃曰眞吾師也遂落髮從之住竹林禪房始斷粒食默然思道或明發不寐刺史聞風而悅欲相招延或曰此公乃可就見不可屈致也於是累詣草廬遂服膺請戒江漢人士亦迴向如雲先是神山廟靈驗如響侵迕見災且以十數法師考室其旁神遂見形爲禮使兩神童朝夕立侍有女巫見而問之法師不荅廬山神神復來固請以住同十年七月振錫登峯行履所見宛如夢中乃即石爲基倚巖結構匡坐端念虎豹爲群先德曇隆慧遠之徒亦卜居于此既人跡罕至遂不堪其

夏且山氣氤氳令人頭痛身熱曽未幾時莫不來下唯法師獨往一去不歸旣却禾黍之資不避霜露之氣時捫蘿越險行動若飛或有群魔不喜法師來者能使雷風爲變以試法師旣見神用礭然群魔乃止久之復隨險幽尋造石梁石室靈山秘地百神之所遨遊也法師說戒行香神皆頭面禮足昔神人吴猛得入此遊觀自玆厥後唯法師復至焉羲皇巳來二人而巳矣初法師入山二年禪味始具每斂心入寂徧見彌勒如來常云宿植之縁也建武四年春忽語弟子曰吾壽當九十但餘年無益於世而四大有累於人思拯

助衆生不得久留此矣七月二十一日標極嶺西頭爲安屍之處人莫之知也後七日而疾疾後七日而終春秋五十八臨終合掌曰願即生三途救一切衆生苦又曰吾以身施烏鳥慎勿埋之初法師喚下寺數人安居講授或謂法師曰今欲出山尋醫又勸進飲食法師曰吾累在此身及吾無身吾有何累勿多言也遷化旬有六日容貌如生兩指屈出伸之隨復如故宿德比丘皆曰夫得道人多以七爲數法師自疾至歿不其然歟兩指不伸亦良有以也初鑪峯孤絶羽翼所不至自法師經始常有雙烏來巢及法師即化烏亦永逝

矣唯法師宿籍幽源久素淨業故慈悲喜捨習與性成微妙玄通因心則有入山林而不出絶縈觀而超然若乃八珍強骨之資九轉延華之術皆如脱屣矣唯直心定志在無價寶舟愛護化城期爲彼岸鑽仰不測故未得而名焉

南齊禪林寺尼淨秀行狀　　沈約

比丘尼釋淨秀本姓梁氏安定烏氏人也其先出自少昊至伯翳佐禹治水賜姓嬴氏周孝王時封其十六世孫非子於秦其曾孫秦仲爲宣王侯伯平王東遷封秦仲少子於梁是爲梁伯漢景帝世梁林爲太原太守徙居

北地烏氏遂爲郡人焉自時厥後昌胤阜世
名德交暉蟬冕疊映漢元嘉元年梁景爲尚
書令少習韓詩爲世通儒魏時梁奕爲司徒
左長史秘書監博極群書善談玄理晉太始
中梁闡爲涼雍二州刺史即尼之適祖也闡
孫橋晉范陽王虓驃騎參軍事魚陽太守遭
永嘉蕩析淪於僞趙爲秘書監征南長史後
得還晉爲散騎侍郎子疇字道度征虜司馬
子粲之仕宋征虜府參軍事封龍川縣都亭
侯尼即都亭侯之第四女也挺慧悟於曠劫
體妙解於當年而性調和綽不與凡孩孺同
數弱齡便神情峻徹非常童稚之伍行仁尚

道洗志法門至年十歲慈念彌篤絕粉黛之容棄錦綺之翫誦經行道長齋蔬食年十二便求出家家人苦相禁抑皆莫之許於是心祈冥感專精一念乃屢獲昭祥亟降瑞相第四叔超獨爲先覺開譬內外故雅操獲遂上天性聰叡幼而超群年至七歲自然持齋家中請僧行道聞讀大涅槃經不聽食肉於是即長蔬不噉二親覺知若得魚肉輒便棄去昔有外國普練道人出於京師往來梁舍便受五戒勤翹奉持未嘗違犯日夜恒以禮拜讀誦爲業更無餘務及手能書常自寫經所有財物唯充功德之用不營俗好少欲入

道父母爲障遂推洊歲月至年二十九方獲
所志落髮精園服膺寺主上事師虔孝先意
承旨盡身竭力猶懼弗及躬修三業夙夜匪
懈僧使衆役每居其首精進劬勤觸事關涉
有開士馬先生者於精園見上即便記云此
尼當生兜率天也又親於佛殿内坐禪同集
三人忽聞空中有聲狀如牛吼二尼驚怖迷
悶戰慄上惔然自若徐起下床歸房執燭撿
聲所在旋至鈎欄二尼便聞殿上有人相語
云各自避路某甲師還後又於禪房中坐伴
類數人一尼䠶眠此尼於睡中見有一人頭
屆于屋語云勿驚某甲師也此尼於是不敢

復坐又以一時坐禪同伴一尼有小緣事暫
欲下牀見有一人抵掌止之曰莫撓某甲師
於是閑氣徐出歎未曾有如此之事比類甚
繁旣不即記悉多漏忘不得具載性受戒律
進止俯仰必欲遵承於是現請曜律師講内
自思惟但有直一千心中憂慮事不辦夜即
夢見鵶鵲鴿鵠雀子各乘車車並安軒車之
大小還稱可鳥形同聲唱言我助某甲尼講
去旣寤歡喜知事當成及至就講乃得七十
檀越設供果食皆精後復又請穎律師開律
即發講日清淨甖水自然香如水園香氣深
以爲欣旣而坐禪得定至於中夜方起更無

餘伴便自念言將不犯獨即諮律師律師答云無所犯也意中猶豫恐違失且見諸寺尼僧多有不如法乃喟然歎曰嗚呼鳥徽未遠靈緒稍隤自非引咎責躬豈能導物即自懺悔行摩那埵於是京師二部莫不咨嗟云如斯之人律行明白規矩應法尚尒思愆何況我等動靜多過而不慚愧者哉遂相率普懺無有孑遺又於南園就穎律師受戒即受戒日淨甖水香還復如前精園諸尼及以餘寺無不更受戒者律師於是亦次第詣寺敷弘戒品闡揚大教故憲軌遐流迄届于今穎律師又令上約語諸寺尼有髙牀俗服者一切

改易上奉旨制勤無不祗承律藏之興自茲更始後又就三藏法師受戒清淨水香復如前不異精園徒衆既廣所見不同師已遷背更無覲侍於是思別立住處可得外嚴聖則内窮宴默者以宋大明七年八月故黄脩儀及南昌公主深崇三寶敬仰德行初置精舍上麻衣弗溫藿食忘飢躬執泥瓦盡勤夙夜以宋泰始三年明帝賜号曰禪林蓋性好閑靜冥感有徵矣而制龕造像無不畢備又寫集衆經皆令具足糚潢染成悉自然有娑羅伽龍王兄弟二人現迹彌日不滅知識往來並親瞻覲招納同住十有餘人訓化奬率皆令

禪誦每至奉請聖僧菓食之上必有異迹又
「於一時虔請聖衆七日供養禮懺始訖攝心
運想即見兩外國道人舉手共語一云法羅
一云毗呿羅所著袈裟色如桑葚之熟因即
取泥以壞衣色如所見倣於是遠近尼僧並相
倣斆改服間色故得絶於五大之過道俗有
分者也此後又請阿耨達池五百羅漢日日
凡聖無遮大會已近三旬供設既豐復更請
罽賓國五百羅漢足上爲千及請凡僧還如
前法始過一日見有一外國道人衆僧悉皆
「不識於是試相借問自云從罽賓國來又問
來此幾時答云來此一年也衆僧覺異令

人守門觀其動靜而食果乃於宋林門
出使人逐視見從宋林門去行十餘步奄便
失之又嘗請聖僧浴器盛香湯及以雜物因
而禮拜內外寂默即聞器檥杓作聲如用
法意謂或是有人出便共往看但見水杓自
然搖動故知神異又曾夜中忽見滿屋光明
正言已曉自起開戶見外猶闇即更閉戶還
床復寢久久方乃明也又經違和極篤忽自
見大光明遍於世界山河樹木浩然無礙欣
介獨笑傍人怪問具陳所見即能起行禮拜
讀誦如常無異又於一時復違和亦甚危困
忽舉兩手狀如捧物語傍人不解問言為何

所捧荅云見寶塔從地出意欲接之幡花伎
樂無非所有於是疾恙豁然而除都無復患
又復違和數日中亦殊綿惙恒多東向視合
掌向空於一時中急索香火移時合掌即自
說云見弥勒佛及與舍利弗目連等諸聖人
亦自見諸弟子數甚無量滿虛空中須臾見
弥勒下生翅頭末城云有人持幡華伎樂及
三臺來迎於此上幡華伎樂非世間比半天
而住一臺已在半路一臺未至半路一臺未
見但聞有而已尒時已作兩臺爲此兆故即
更作一臺也又云有兩樹寶華在邊人來近
床語莫壞我華自此之後病即除損前後遇

疾恒有瑞相或得涼風或得妙藥或聞異香病便即愈疾瘥之爲理都以漸豁然而去如此其數不能備記又天監三年一夏違和於晝日眠中見虛空藏菩薩即自圍繞誦唄唄聲徹外眠覺所患即除又白日卧開眼見佛入房幡蓋滿屋語傍人令燒香了自不見上以天監五年六月十七日得病苦心悶不下飲彭城寺令法師以六月十九日夜得夢見一處謂是兜率天上住止嚴麗非世間比言此是上住處即見上在中於是法師有語上工得生好處當見將接上是法師小品檀越勿見遺棄上即答云法師丈夫又弘通經教

自應居勝地某甲是女人何能益法師又云
不如此也雖爲丈夫不能精進持戒不及上
時體已轉惡與令法師素疎不堪相見病既
稍增飲粥日少爲治無益漸就綿惙至七月
十二日尒時天雨清涼悶勢如小退自云夢
見迎來至佛殿西頭人人捉幡竿猶車在地
幡之爲理不異世間隊擔皷旗幡也至二十
日便絶不復進飲粥至二十二日令請相識
衆僧設會意似分別至二十五日云見十方
諸佛遍滿空中至二十七日中後泯然而卧
作兩炊久方復動轉自云上兜率天見弥勒
及諸菩薩皆黄金色上手中自有一琉璃清

淨覺可高三尺許以上弥勒即放光明照于上身至兜率天亦不見飲食自然飽滿故不復須人間食也但聞人間食皆臭是以不肯食於彼天上得波利麨將還意欲與令法師有人問何意將麨去答云欲與令法師是人言令法師是人中果報那得食天上食不聽將去既而欲見令法師閑居上爲迎法師來相見語法師可作好菜食以餉山中坐禪道人若修三業方得生兜率天耳法師不坐禪所以令作食餉山上道人者欲使與坐禪人作因緣也自入八月體中亦轉惡不復說餘事但云有三十二童子一名功德天二名善

女天是迦毗羅所領恒來在左右與我驅使
或言得人餉飲食令衆中行之復云空中晝
夜作伎樂鬧人耳也

廣弘明集卷第二十三　聚
窊隆上烏瓜反｜下也隆高也岠音巨謬僻上苗幼反虛｜也下疋亦反偏
也濫惘下音罔憚徒且反懼也宏綱上惠萌反大也寓内上字
字同用紖舉上俱有反｜叶聲烹鮮上疋庚反隄防上音低糜
濆上密碑反費也下玄對反散也政績下子歷反抗詔上口浪反讜言
上音黨直言也誄詞上倫水反述往者之行狀沙汰下音太踞食上音
據鈞音勻顒愚恭反曼穎上音万下余領反之遴下良刃反行難也
李聉下普没反戴逵下具追反彥琮上魚箭反下在宗反駮議上必

角反肇胤上音召始也下羊鎮反嗣也曽湛粹中宅減反下私遂反同前
遁跡上徒困反隱丨也巖壑下呼各反崐山上音昆
滌吝上徒的反除也下良刃反貪也叩上音口絙維上古登反丨索
也維繫也遘疾上居候反遇也泯米忍反滅也瞹瞹音愛姸手上音
喘差丨也更互也蠱音姤井蛙下烏瓜反蝦蟇也皦音皎明也斯捎
下音緣棄也擺比買反丨撥也塵羈下居宜反繫也振拖下徒可反遼
音寮亹亹音尾美也慨苦愛反峻私閏反肇闢下毗益反開也剖
析上足口反下先擊反法闈下音韋林巘下語偃反山形重重也
蔚矣上紆勿反崗阜上音剛山脊也下音婦小山也丘墟下丘居反土推
也壑呼各反川丨迂餘上委于反曲也愔於今反靜也衿期上音
今庶享下許兩反綢繆上直流反下密幽反驟淹上助瘦反下邑盐反
藉卉上才夜反下許鬼反草也濯音濁洗丨素瀨下郎泰反急流也憩

丘例反止息也汎觴上芳梵反浮丨也下音傷酒器也掇葪上竹劣反採也
蒲筍下筭字同蔌音速菜茹揔名偕音皆俱也譪於蓋反寓
形上音遇寄也碨磥上烏每反下魯每反丨丨石皃集意謂人歸向如
山石之衆也恬愉上徒添反静也下音逾忻也融冶上余弓反消丨也下
音野鑪丨也恪口各反隘運上於賣反窄也薨兄弘反死也𥎊褓
上居兩反丨褓也織縷爲之約小兒於背上髫齓上音條下昌謹反同前
以臧下則郎反善也運邅下知連反迍丨摛丑知反恂恂
息旬反温恭皃昊天上胡道反韜斤上土刀反藏也下斧也催衂
下尼六反丨易峭立上七笑反崄也方嶠下渠妙反丨丨山高而平也枯
槁下音考囂湫上許嬌反喧丨也下子小反隘也又子由反幽麓下音
鹿山下有林曰丨持操下七到反抗趾上苦浪反下音止丨丨舉足也
神彊下音薑丨境也丹墀下音遲天子以朱泥飾堦砌謂之丨丨

邂逅 上胡賣反下音候｜｜不期之意 岫 音袖山｜ 高柯 下音歌枝｜也

泥滓 下側史反 喬 羊世反苗｜也 昭晢 下旨熱反明也 緦繐 思惠

二音麻服也 濡足 而朱反濕也 絶翮 下閑萬反羽｜ 頡頏 上胡結反

下何朗反｜｜上下不定之皃也 祖 在姑反往也 離逖 下他歷反遠也

共憩 下丘例反息也 綴 知衛反 睽 苦圭反異也垂也 江

滸 下音虎江岸也 颺幕 上音羊一音㨾 霰 先見反雨雪同下也 艘 蘇刀反船

之捴名日｜ 悼 音盜｜傷也 飄颻 上疋苗反下音搖 巒 音鸞山｜ 腷

臆 上彼力反｜音憶｜｜不怞皃也 邅迴 上知連反迍｜也 宵

煙曉反冥也 挫慮 上則卧反 躡霍 上尼輒反履｜下兄郭反山名

踰蹟 下助隔反 聃周 上土甘反老子名 疵 疾斯反

山麓 音鹿 泗汴 下皮變反州名 淑靈 上音孰善也 瑾 渠鎮反玉也

芳絢 下許縣反 辭憘 下呼麥反辯快也 鉤蹟 上古侯反下助

萳反鈎深幽噴 芰夷 上音衫丨丨翦伐也 蘳 紆拱反塞也 汲矯 下居小反

汲引也矯舉也 坻峙 上音遲下直里反 誚毀 上才笑反責也 弭 米尒反息

也 夐逸 上兄詠反遠也 篁藪 下音叟 遁思 上徒困反隱也 川阜

下音負小山也 蘭蓀 下音孫丨丨香草也 沿泝 上音緣順流而下也

下音素逆涑而上也 愬 奴的反思也憂也 遡 音素向也 氤氳 上音因下烏云

反 靚 徒的反見也 湮滅 上音因沉也 申夭 下於小反申申內和夭夭

外暢也 躓 音致礙也 薰蕕 上兄云反下音由香草也蕕臭草也 薰 髫辮

上音倏下蒲犬反童子初束髻也 嬴 音盈有餘也 年稔 下汝審反 臨印

下衢恭反縣名在蜀 迭 徒結反更丨 不杜 下徒戶反塞也 倏瞬 上音叔下

音舜謂倏忽瞬息之間 企陰 上丘智反 闒門 上胡塔反 歡娛 下音愚

餞別 上疋妣反離也 旅舟 上音吕客丨 援物 上音院救也 茹 而庶

反食也 芝术 上音之下直律反 喜慍 下紆運反怨也 罹疊 上音離下

許近反丨丨遭禍也援筆上音園引也拔茅下莫交反彙音謂獸名小豪猪也在稚下直利反童丨吐噏下許及反與吸同蘭苑下紆阮反園丨也天倪下吾兮反天際繒自陵反丨綵也藝伎下渠倚反亦作技驤首上息羊反躍也侈昌介反奢丨也景曛下兄云反日暮也窺下傾弥反涅泥結反荷蓧上胡可反下徒弔反丨擔負也蓧盛草竹器也雞黍下詩呂反禾丨也子路逢蓧荷之夫留子路宿殺雞炊黍旅館

下音貫丨丨客舍也鳶螻上音緣老鴟也亦作鳶下音摟螻蛄虫也剔柯上他的反丨削下音哥枝丨也眺他弔反望也嶇嶔上丘俱反下苦今反丨丨艱嶮皃紙襞下畢益反卷也沮溺上子余反下奴的反古之二隱士也孔子使子路問津於長沮桀溺是也耦耕上五口反稱田具也以鐵為之廣五寸兩耜為耦耜音似共薇下音微野菓也懣悲上音悶煩丨嵔威嵬反山高下曲薨兄弘反丨卒也窺。牖上傾弥反下音酉老子不窺牖見天道其知弥遠也

萇楚上音長｜｜亦名䕺芅桃蔓生䕺音摇芅音翼似亹音尾美也鬆角

上音揔童子結髮也怡余之反和也孺童上而注反幼稚也既

琢音卓胥宇上息徐反助也勗之上許玉反勸｜載輯下音集睦也

否皮美反｜塞也晰旨熱反明也麓音鹿林｜也單褺下音牒

｜布土槨下音郭棺｜也感悴下才遂反蹊音奚｜徑也洙

泗殊四二音水名天子訓象之處罤筌蹄詮二音同前雲藹下烏蓋反川

壑下呼各反璞疋角反玉也跂丘智反舉足而望也勁露上居政反緊

肄業上余計反習也顒愚恭反隤徒回反墜也跨苦化反｜越也鋒

穎下余領反利也冠冕下音免投袂下弥祭反衣袖也攬裾下音

居衣｜也奮火上方問反｜揚也檄胡的反三觴

下音傷酒｜也誰餞下音羨隱長上於近反隈｜譙邦上自

搖反敦煌屯皇二音舊瓜州地名也眞粹下私遂反揖伊入反舛昌軟

反丨顩眄下音面視也揔綜上子孔反下子宋反理也霾莫皆反陰
丨丨也風而雨土曰丨燔仆上音煩燒也下蒲北反謂死而仆地也
接踵下之勇反丨丨繼足也涵徽上音含下音暉瑩紆定反疵
厭上疾斯反痕病也訣音決齠年上音條同前夐休詠
反遠也佚音逸洎其器反及也綽昌約反寬也敞昌兩反明也顯也
詢息旬反諮也悅懌下音亦和也輟知劣反止也歉苦點反飢丨也
纊苦況反綿丨也傲吾告反慢也愉羊朱反忻丨也相禪下時
戰反授也徂在胡反往也遽逼上其預反下彼力反分劑上去聲下在細
反貶失上悲撿反遐澨下音逝水名也汾澮上音焚下古外反二水名
礭口角反堅也實也韜光上音叨藏也濬壑上私閏反深也下呼各反
川丨也逖他的反遠也羈束上居宜反俛起上音免強爲也阡陌
上音千丨丨路也南北曰阡東西曰陌也崢嶸上助萌反下惠萌反丨丨山峭貞

級衽下汝審反衣襟也挫銳上[illegible]卧反下羊歲反丨丨抑其鋒利也玉壘下倫水反遨遊下吾高反馳騁下丑領反踽步上丘羽反開足行之

澧浦上音豐琬琰上紆阮反下以撿反美石也殿最上覩見反漢書音義云上功曰最下功曰殿又軍前曰啓軍後曰殿刈魚吠反割丨也稊稗上音啼下蒲賣反草名也膳時扇反食也

稻粱道良也粱粟也二音稻禾鼎餁下汝審反熟食也踵武上之勇反丨丨繼足也房櫳下力東反騈羅上步田反鉅學上音巨大也

彎弓上烏還反經緯下音謂邸寺上下礼反朝京師夜宿之寺也函丈上音含丨容也席間容一丈地授師資之道也涼燠下於六反暑熱

也髭士上音毛英丨也囿辯上音右忤色上音悟觸也脫屣上所綺反喣濡上兄句反下而朱反喜慍下紆運反怒也不渝下音俞變

也勃碣下渠列反永閟下音祕諱許反謂弱冠下音貫年二十謂之羽檄下胡的反軍中告急之牘以羽揷其[illegible]之丨丨擐音患貫甲

也甲冑下直又反頭鎧也彭蠡音礼丨丨湖名壘門上倫水反
軍中壁也東柑下羊世反棹也侵迮下音悟觸也女巫下音無丨師也
氤氳上音焚下紓云反氣也郄正作郤音却退也捫蘿上音門攀也下
音羅草也礭口角反堅也少昊下胡道反羸氏上音盈胤阜
上羊鎮反丨嗣也下音父盛也蟬冕下音免冠丨也蟬冕大夫巳上冠左蟬右貂
撝許爲反虓呼交反驃騎上毗妙反下去聲疇直流反田丨也征

虜下音魯粲七案反孩孺下而注反童丨亟降上紀力反數也聰
叡下羊歲反啖音淡食也劬勤上音衢戰慓下良吉反悚懼負构
欄上古侯反吁眠上戶案反睡中喘聲也正作鼾抵掌上音紙側掌也
撓女巧反鴝鵒瞿欲二音甖於耕反項缾也長胃然
上口謂反長嘆聲也隤徒回反墜也那埵下丁果反摩丨丨此謂折伏貢高也
規矩上俱弥反下俱羽反愆去乾反罪也孑遺上居列反單丨獨也雚

食丨兄郭反藜丨草莱也龕苦含反佛丨也褰潢下胡曠反毗佉下丘

迦反桑甚下食審反亦作椹儆斅上方囧反下胡教反罽賓下居例反

桸杓上興宜反下時約反舀水柸丨也闔蜀呼杓曰桸若作檥者誤疾恙下尒

向反病也壑然上呼活反綿惙下知劣反丨丨困之甚也翅頭上施智反

誦唄下音敗讚丨泯然上米忍反兩炊下音吹蒸丨䴵餅字餉向

詩尚反贈食也啓蟄下直立反冬藏曰丨